Racconti in Lettone

Racconti in Lettone per principianti e intermedi

Andris Jansons

Copyright © 2022 Andris Jansons

Tutti i diritti riservati.
Sebbene l'autore e l'editore abbiano fatto ogni sforzo per assicurare che le informazioni presentate in questo libro fossero corrette al momento attuale, l'autore e l'editore non si assumono e declinano ogni responsabilità nei confronti di qualsiasi parte per eventuali perdite, danni o disservizi causati da errori od omissioni, sia che tali errori od omissioni derivino da negligenza, incidente o qualsiasi altra causa.

greenthumbpublishing@gmail.com

Contenuti

Introduzione

La lettura di una lingua straniera è uno dei modi più efficaci per migliorare le competenze linguistiche e ampliare il vocabolario. Tuttavia, a volte può essere difficile trovare materiali di lettura coinvolgenti e di livello adeguato, che diano una sensazione di realizzazione e di progresso. La maggior parte dei libri e degli articoli scritti per i madrelingua può essere troppo lunga e difficile da capire, oppure può avere un vocabolario di livello molto alto, per cui ci si sente sopraffatti e si rinuncia. Se questi problemi vi suonano familiari, allora questo libro fa per voi!

Racconti Brevi in Lettone è una raccolta di 25 racconti non convenzionali e divertenti pensati per aiutare gli studenti di livello da principiante a intermedio di Lettone a migliorare le loro competenze linguistiche.

Questi racconti creano un ambiente di lettura di supporto, includendo;

- Ricchi contenuti linguistici in diversi generi per intrattenere l'utente ed esporlo a una varietà di forme di parole.
- Storie brevi in capitoli per darvi la soddisfazione di finire le storie e progredire rapidamente.
- Testi scritti al vostro livello in modo da essere più facilmente comprensibili e non opprimenti.
- Traduzione italiana a pagine alterne per potervi fare riferimento direttamente riga per riga durante la lettura della storia Lettone.
- I vocaboli chiave sono stampati in grassetto lungo tutta la storia e la traduzione per aiutare a capire meglio le parole non familiari.

- Domande di comprensione per testare la comprensione degli eventi chiave e per incoraggiare la lettura più approfondita.

Se volete ampliare il vostro vocabolario, migliorare la vostra comprensione o semplicemente leggere per divertimento, questo libro è il più grande passo avanti che farete nei vostri studi quest'anno. I Racconti Brevi in Lettone vi daranno tutto il supporto di cui avete bisogno, quindi sedetevi, rilassatevi e lasciate correre la vostra immaginazione mentre venite trasportati in un magico mondo di avventura, mistero e intrighi - in Lettone!

Come utilizzare questo libro

La lettura è un talento difficile da padroneggiare. Nella nostra lingua madre usiamo una serie di micro-abilità per aiutarci a leggere. Ad esempio, possiamo sfogliare un brano per avere una comprensione approssimativa del contenuto. Oppure potremmo sfogliare numerose pagine di un orario ferroviario alla ricerca di un orario o di un luogo specifico. Mentre queste micro-abilità sono una seconda natura quando leggiamo nella nostra lingua madre, la ricerca rivela che spesso dimentichiamo la maggior parte di esse quando leggiamo in una lingua straniera. Quando si impara una lingua straniera, di solito si parte dall'inizio di un testo e lo si sfoglia, cercando di capire ogni singola parola. Inevitabilmente, ci imbattiamo in termini sconosciuti o complessi e ci infastidisce l'incapacità di comprenderli.

Uno dei maggiori vantaggi della lettura di una lingua straniera è quello di essere esposti a un gran numero di frasi ed espressioni che vengono utilizzate nelle situazioni quotidiane. La lettura intensiva è un termine usato per descrivere la lettura per piacere al fine di imparare una lingua. Non è come la lettura di un libro di testo, quando le conversazioni o i testi sono concepiti per essere letti lentamente e con attenzione con l'obiettivo di comprendere ogni parola. La "lettura intensiva" si riferisce alla lettura effettuata per raggiungere obiettivi di apprendimento specifici o per completare compiti. In altre parole, la lettura approfondita dei libri di testo di solito favorisce l'apprendimento di regole grammaticali e di un vocabolario particolare, mentre la lettura intensiva di storie favorisce l'apprendimento del linguaggio naturale.

I Racconti Brevi in Lettone vi offriranno l'opportunità di conoscere meglio la lingua naturale Lettone in uso, anche se forse avete iniziato il vostro percorso di apprendimento delle lingue esclusivamente con i libri di testo. Ecco alcuni suggerimenti da tenere a mente mentre leggete le storie di questo libro per trarne il massimo beneficio: Quando si tratta di leggere, il divertimento e il senso di realizzazione sono fondamentali. Si continua a tornare perché ci si diverte a leggere. Leggere ogni storia dall'inizio alla fine è il metodo migliore per godersi le storie e sentirsi realizzati. Di conseguenza, la cosa più importante è arrivare alla fine di una storia. È più importante che conoscere ogni singola parola.

Più si legge, più si acquisisce conoscenza. Se si leggono libri più grandi per piacere, si acquisisce rapidamente una conoscenza di come funziona la Lettone. Tuttavia, tenete presente che per ottenere tutti i benefici della lettura estensiva, dovete prima leggere un volume sufficientemente consistente. Leggere qualche pagina qua e là può insegnare qualche parola nuova, ma non farà una differenza significativa nel livello generale di Lettone.

Accettate il fatto che non riuscirete a comprendere tutto ciò che leggete in un romanzo. Questo è, senza dubbio, il punto più cruciale! Ricordate sempre che non capire tutte le parole o le frasi è assolutamente accettabile. Non significa che le vostre competenze linguistiche siano inadeguate o che il vostro rendimento sia scarso. Indica che state partecipando attivamente al processo di apprendimento.

Guida alla lettura

Per trarre il massimo beneficio dalla lettura di Racconti Brevi in Lettone, è meglio seguire questo semplice processo di lettura in sei fasi per ogni capitolo dei racconti:

1. Leggete il titolo del capitolo. Pensate al tema della storia. Poi leggete la storia fino in fondo. Il vostro obiettivo è semplicemente quello di arrivare alla fine della storia. Pertanto, non fermatevi a cercare le parole e non preoccupatevi se ci sono cose che non capite. Cercate semplicemente di seguire la trama.

2. Quando arrivate alla fine della storia, scrutate la traduzione italiana per vedere se avete capito cosa è successo e per cogliere il contesto che vi è sfuggito.

3. Tornate indietro e rileggete la stessa storia. Se volete, potete concentrarvi di più sui dettagli della storia rispetto a prima, ma altrimenti leggete semplicemente un'altra volta.

4. Successivamente, leggete le domande di comprensione in Lettone per verificare la vostra comprensione degli eventi chiave della storia. Se non capite completamente le domande, non preoccupatevi. Utilizzate le vostre conoscenze per rispondere al meglio.

5. A questo punto dovreste aver compreso gli eventi principali del capitolo. In caso contrario, potreste rileggere il capitolo alcune volte utilizzando la traduzione per controllare le parole e le frasi sconosciute fino a quando non vi sentirete sicuri.

Una volta che siete pronti e sicuri di aver capito cosa è successo - che sia dopo una o più letture della storia - passate alla storia successiva e continuate a godervi la storia al vostro ritmo, proprio come fareste con qualsiasi altro libro.

Solo una volta completata una storia nella sua interezza, si può pensare di tornare indietro e studiare il linguaggio della storia in modo più approfondito, se lo si desidera. Oppure, invece di preoccuparvi di capire tutto, prendetevi del tempo per concentrarvi su ciò che avete capito e congratularvi con voi stessi per quanto avete fatto.

Racconti in Lettone

Andris Jansons

Rīga

Rīga ir neliela pilsēta Latvijā. Tā atrodas pie Daugavas, un tajā **dzīvo** nedaudz vairāk par 700 000 **iedzīvotāju.** Pilsētā atrodas daudzi vēsturiski pieminekļi, tostarp Rīgas pils, Melngalvju nams un Svētā Pētera baznīca. Rīgā ir arī vairāki muzeji un mākslas galerijas. **Pilsēta ir** pazīstama ar savu rosīgo naktsdzīvi, kurā ir daudz bāru un klubu, kas apmeklētājus izklaidē līdz pat agrām rīta stundām. Dienas laikā šeit ir arī daudz restorānu un kafejnīcu. Rīga ir populārs tūristu galamērķis tiem, kas vēlas klātienē iepazīt Latvijas kultūru un vēsturi. Tā ir arī ideāla bāze, lai iepazītu citas Latvijas vietas vai pat aizbrauktu tālāk uz Igauniju vai Lietuvu. Rīgu 1201. gadā dibināja Rīgas bīskaps Alberts. Pilsēta strauji attīstījās 13. gadsimtā, un **gadsimta beigās** tā bija nozīmīga Hanzas savienības tirdzniecības pilsēta.

Rīgas zelta laikmets iestājās 15. un 16. gadsimtā, kad tā kļuva par vienu no **lielākajām** Ziemeļeiropas pilsētām. Šajā laikā tika uzceltas daudzas grandiozas ēkas, tostarp Rīgas pils, Svētā Pētera baznīca un vairākas ģildes. Diemžēl liela daļa šīs **arhitektūras** tika iznīcināta Otrā pasaules kara laikā, kad Rīgu spēcīgi bombardēja gan vācu, gan padomju spēki. Neraugoties uz tās vētraino vēsturi, Rīga ir plaukstoša pilsēta, kurā ir daudz ko redzēt un darīt apmeklētājiem no visas

Riga

Riga è una piccola città della Lettonia. Si trova sul fiume Daugava e ha una **popolazione** di poco più di 700.000 abitanti. La città ospita molti monumenti storici, tra cui il Castello di Riga, la Casa delle Teste Nere e la Chiesa di San Pietro. A Riga si trovano anche diversi musei e gallerie d'arte. La **città** è nota per la sua vivace vita notturna, con numerosi bar e club che intrattengono i visitatori fino alle prime ore del mattino. Ci sono anche numerosi ristoranti e caffè da **gustare durante** il giorno. Riga è una destinazione turistica popolare per chi vuole vivere in prima persona la cultura e la storia lettone. È anche una base ideale per esplorare altre parti della Lettonia o anche per avventurarsi più lontano, in Estonia o in Lituania. Riga fu fondata nel 1201 dal vescovo Alberto di Riga. La città crebbe rapidamente nel corso del XIII secolo e alla fine del **secolo** era un'importante città commerciale della Lega Anseatica.

Il periodo d'oro di Riga è stato il XV e il XVI secolo, quando divenne una delle **più grandi** città del Nord Europa. In questo periodo furono costruiti molti edifici grandiosi, tra cui il Castello di Riga, la Chiesa di San Pietro e diverse corporazioni. Purtroppo, gran parte di questa **architettura** è stata distrutta durante la Seconda Guerra Mondiale, quando Riga è stata

pasaules. Apmeklējot Rīgu, noteikti apskatiet Vecrīgu. Tas ir pilsētas vēsturiskais **centrs, un tajā atradīsiet** lielāko daļu nozīmīgāko apskates objektu. Savu apskati sāciet Rīgas pilī, kuras pirmsākumi meklējami 13. gadsimtā. No šejienes dodieties uz Svētā Pētera baznīcu, kas ir viena no vecākajām baznīcām Latvijā. Pēc tam dodieties uz Alberta ielu, lai apskatītu dažas no skaisti **restaurētajām** Rīgas Hanzas laika ģildēm. Ja jūs interesē māksla un kultūra, noteikti apmeklējiet vienu vai vairākus no daudzajiem Rīgas **muzejiem** un galerijām.

Latvijas Nacionālais mākslas muzejs ir labs sākums, kam seko Dekoratīvās mākslas un dizaina muzejs. Lai iepazītos ar Latvijas tumšo 20. gadsimta vēsturi padomju varas laikā, apmeklējiet KGB cietumu muzeju vai Okupācijas muzeju. Neviens ceļojums uz Rīgu nebūtu **pilnīgs, ja** neizmēģinātu kādu no vietējiem ēdieniem un dzērieniem. Šeit ir daudz restorānu un kafejnīcu, kurās var izvēlēties no tradicionālajiem latviešu ēdieniem līdz pat starptautiskajai virtuvei. Ja vēlaties ko patiesi unikālu, izmēģiniet “melnā balzama” kokteili kādā no daudzajiem pilsētas bāriem. Šo **spēcīgo** alkoholisko dzērienu gatavo no garšaugiem un garšvielām, un tam esot ārstnieciskas īpašības!

pesantemente bombardata dalle forze tedesche e sovietiche. Nonostante la sua storia turbolenta, Riga è una città fiorente con molte cose da vedere e da fare per i visitatori di tutto il mondo. Quando visitate Riga, assicuratevi di esplorare la Città Vecchia. Si tratta del **centro** storico della città ed è qui che si trovano la maggior parte dei principali punti di riferimento. Iniziate la vostra visita al Castello di Riga, che risale al XIII secolo. Da qui, scendete fino alla Chiesa di San Pietro, una delle chiese più antiche della Lettonia. Quindi dirigetevi verso Alberta iela (Albert Street) per ammirare alcune delle corporazioni splendidamente **restaurate** ai tempi della Lega Anseatica di Riga. Se siete interessati all'arte e alla cultura, non mancate di visitare uno o più dei numerosi **musei** e gallerie di Riga.

Il Museo nazionale d'arte lettone è un buon **punto** di partenza, seguito dal Museo delle arti decorative e del design. Per qualcosa di diverso, visitate il Museo della prigione del KGB o il Museo dell'occupazione per conoscere la storia oscura della Lettonia del XX secolo sotto il dominio sovietico. Nessun viaggio a Riga sarebbe **completo** senza assaggiare i cibi e le bevande locali. Ci sono molti ristoranti e caffè tra cui scegliere, che servono di tutto, dai piatti tradizionali lettoni alla cucina internazionale. Per qualcosa di veramente unico, provate un cocktail "black balsam" in uno dei tanti bar della città. Questo **potente** distillato è fatto con erbe e spezie e si dice che abbia proprietà medicinali!

Izpratnes jautājumi

1. Kāds ir Rīgas iedzīvotāju skaits?

2. Ar ko ir pazīstama šī pilsēta?

3. Kādi apskates objekti atrodas Rīgā?

4. Kad tika dibināta pilsēta?

5. Kāds bija pilsētas zelta laikmets?

6. Kas iznīcināja lielāko daļu pilsētas arhitektūras?

7. Kas ir vecpilsēta?

8. Kas ir Rīgas pils?

9. Kas ir Latvijas Nacionālais mākslas muzejs?

10. Kas ir "melnā balzama" kokteilis?

Domande di comprensione

1. Qual è la popolazione di Riga?

2. Per cosa è nota la città?

3. Quali sono i punti di riferimento a Riga?

4. Quando è stata fondata la città?

5. Qual è stato il periodo d'oro della città?

6. Cosa ha distrutto gran parte dell'architettura della città?

7. Che cos'è la Città Vecchia?

8. Che cos'è il castello di Riga?

9. Che cos'è il Museo nazionale d'arte lettone?

10. Che cos'è un cocktail "black balsam"?

Ledus hokejs

Bija auksta ziemas diena, un slidotava bija pilna ar cilvēkiem, kas slidinājās un spēlēja hokeju. Gaisu piepildīja slidas, kas skrāpēja pret ledu, un nūjas, kas trāpīja ar ripām. Pie viena no vārtiem bija sapulcējusies draugu grupa, kas smējās un jokoja, spēlējot hokeja spēli. Viens no viņiem, garš zēns ar **platiem** pleciem, izdarīja īpaši iespaidīgu metienu, raidot ripu vārtu augšējā stūrī. Viņa draugi uzmundrināja un uzmundrināja viņu, kad viņš, smaidīdams no ausīm līdz ausīm, **slidojis** atgriezās pie viņiem. Bet tad notika kaut kas dīvains. Kad viņš pietuvojās draugiem, viņi visi pēkšņi sastinga uz vietas kā statujas. Viņš apstājās, apjucis un **noraizējies par to**, kas to varēja izraisīt. Tad viņš pamanīja, ka viņu visu acis bija pievērstas kaut kam aiz viņa. Viņš lēnām pagriezās, un, ieraugot, uz ko viņi skatās, viņam sāpēja **sirds.** Otrpus slidotavai aplī stāvēja grupa tumšos uzvalkos tērptu vīriešu, kuru sejas slēpa ēnas. Apļa vidū atradās liela kaste ar tajā iegravētiem dīvainiem simboliem. Vīri runāja klusinātos toņos, bet viņš nespēja saprast, ko viņi runā. Viņš zināja, ka viņam vajadzētu novērsties un doties atpakaļ pie draugiem, taču kaut kas šajā ainā bija tik intriģējošs, ka viņš tā vietā **devās** tās virzienā.

Tuvojoties tuvāk, viņš dzirdēja sarunu fragmentus:"...

Hockey su ghiaccio

Era una fredda giornata invernale e la pista di pattinaggio era piena di gente che pattinava e giocava a hockey. Nell'aria si sentiva il rumore dei pattini che sfregavano sul ghiaccio e dei bastoni che colpivano i dischi. Un gruppo di amici era riunito intorno a una delle reti, ridendo e scherzando durante una partita di pickup hockey. Uno di loro, un ragazzo alto con le spalle **larghe**, fece un tiro particolarmente impressionante, mandando il disco nell'angolo superiore della rete. I suoi amici lo applaudirono e gli diedero il cinque mentre tornava verso di loro, sorridendo da un orecchio all'altro. Ma poi accadde qualcosa di strano. Quando si avvicinò ai suoi amici, questi si bloccarono improvvisamente, come statue. Si fermò di colpo, confuso e **preoccupato per la causa** di tutto ciò. Poi notò che i loro occhi erano tutti puntati su qualcosa alle sue spalle. Si girò lentamente e il suo **cuore** affondò quando vide cosa stavano guardando. Dall'altra parte della pista, un gruppo di uomini in abiti scuri era in piedi in cerchio, con i volti nascosti dalle ombre. Al centro del cerchio c'era una grande cassa con strani simboli incisi. Gli uomini parlavano a bassa voce, ma lui non riusciva a capire cosa stessero dicendo. Sapeva che avrebbe dovuto allontanarsi e tornare dai suoi amici, ma la scena era così intrigante che si ritrovò a **camminare**

jābūt uzmanīgiem... ļoti spēcīgi...""... neesmu pārliecināts, vai mēs to spēsim savaldīt..." Viņš jau grasījās pajautāt, par ko viņi runā, kad viens no vīriešiem pamanīja viņu un draudīgi pakāpās uz priekšu. "Kas jūs esat? Ko jūs šeit darāt? " Vīrieša **balss** bija dziļa un draudīga. Zēns atkāpās soli atpakaļ, pēkšņi sajūtot bailes. Viņš nezināja, kā atbildēt uz šiem jautājumiem godīgi, nenokļūstot nepatikšanās, tāpēc nolēma tā vietā melot. "Es... es... es tikai slidoju apkārt," viņš nervozi aizsmiedzās. "Ārā ir pārāk **auksti,** lai to darītu," vīrietis skeptiski sacīja. "Mana mamma man tik un tā lika iet ārā," zēns atkal melojis. "Un kur tagad ir tava mamma?" "Viņa ir mājās." "Saprotu... tad iesaku arī tev doties mājās." "O... labi." Zēns ātri pagriezās un sāka slidot izejas virzienā tik ātri, cik vien spēja, neapgāžoties. "Kas tiem puišiem bija tajā **kastē?**" viņš ziņkārīgi domāja pie sevis, izejot no slidotavas. "Izskatījās, ka viņi kaut kā no tās **baidījās.**

verso di loro.

Man mano che si avvicinava, riusciva a sentire frammenti di conversazione:"... bisogna stare attenti... molto potente..."... non sono sicuro che riusciremo a contenerlo...". Stava per chiedere loro di cosa stessero parlando, quando uno degli uomini lo notò e si fece avanti minaccioso. "Chi siete? Cosa ci fai qui? "La **voce dell**'uomo era profonda e minacciosa. Il ragazzo fece un passo indietro, sentendosi improvvisamente spaventato. Non sapeva come rispondere sinceramente a queste domande senza finire nei guai, così decise di mentire. "Sto solo pattinando", balbettò nervosamente. "Fuori fa troppo **freddo** per questo", disse l'uomo scettico. "Mia madre mi ha fatto uscire comunque", mentì ancora il ragazzo. "E dov'è tua madre adesso?". "È a casa". "Capisco... allora ti consiglio di andare a casa anche tu". "Il ragazzo si girò velocemente e iniziò a pattinare verso l'uscita il più velocemente possibile senza cadere. "Che cosa avevano quei ragazzi in quella **scatola**?", pensò curioso tra sé e sé mentre usciva dalla pista. Sembrava che in qualche modo ne avessero **paura**".

Izpratnes jautājumi

1. Ko dara galvenais varonis, kad viņš redz savus draugus sastingušus uz vietas?

2. Par ko runā vīrieši uzvalkos?

3. Ko dara galvenais varonis, kad viņu noķer vīri uzvalkos?

4. Kas ir kastē?

5. Kāda ir galvenā varoņa reakcija, ieraugot, kas atrodas kastē?

6. Kur ir vīrieši uzvalkos, kad galvenais varonis vēlāk atgriežas slidotavā?

7. Ko dara galvenais varonis, kad viņš redz, ka vīrieši ir aizgājuši?

8. Kas ir rakstīts kastē?

9. Kāda ir galvenā varoņa reakcija, ieraugot rakstīto kastē?

10. Ko galvenais varonis domā par to, ko viņš redzēja slidotavā?

Domande di comprensione

1. Cosa fa il protagonista quando vede i suoi amici bloccati sul posto?

2. Di cosa parlano gli uomini in giacca e cravatta?

3. Cosa fa il protagonista quando viene catturato dagli uomini in giacca e cravatta?

4. Cosa c'è nella cassa?

5. Qual è la reazione del protagonista quando vede cosa c'è nella cassa?

6. Dove sono gli uomini in giacca e cravatta quando il protagonista torna alla pista di pattinaggio?

7. Cosa fa il protagonista quando vede che gli uomini se ne sono andati?

8. Cosa c'è scritto nella cassa?

9. Qual è la reazione del protagonista quando vede la scritta nella cassa?

10. Cosa pensa il protagonista di ciò che ha visto alla pista di pattinaggio?

Jūrkalnes pludmale

Saule rietēja virs Baltijas jūras, izkrāsojot debesis **skaistā** oranžā krāsā. Viļņi dauzījās pret krastu, un smiltis bija vēsas un mīkstas. Jūrkalnes pludmale bija viena no viņas iecienītākajām vietām Latvijā. Tā bija tik **mierīga** un nomierinoša, un, šeit ierodoties, viņa vienmēr jutās labi. Viņa staigāja basām kājām gar ūdens malu, ļaujoties viļņu šalkoņam, kas apskaloja viņas kājas. Viņa dziļi ieelpoja, piepildot plaušas ar svaigu jūras gaisu. Tas smaržoja sāļi un tīri, kā **brīvība**. Viņa aizvēra acis un ilgi nopūtās no apmierinājuma. Šī bija viņas laimīgā vieta; vieta, kur viņa varēja aizmirst par visām problēmām mājās un vienkārši būt **pati par sevi**.

Neviens viņu šeit nesodīja, nevienu neinteresēja, kas viņa ir un ar ko viņa pelna iztiku. Viņus interesēja tikai tas, ka viņa bauda prieku, apmeklējot viņu valsts skaistās **pludmales**. Un tieši to viņa šodien plānoja darīt - atpūsties un izbaudīt! Viņa kādu brīdi pastaigājās, vērojot pludmales skatus un skaņas. Kaiju čalošana virs galvas nomierināja, un viņa pasmaidīja, vērojot, kā tās graciozi lido gaisā. Viņi izskatījās tik brīvi... gluži tāpat kā viņa jutās šeit. **Beidzot** viņa apstājās pie klintīm pludmales malā. Viņa apsēdās un ļāva kājām pakustēties virs ūdens. Viņa iegremdēja kājas pirkstus,

Spiaggia di Jurkalne

Il sole stava tramontando sul Mar Baltico, proiettando una **splendida** tonalità arancione sul cielo. Le onde si infrangevano sulla riva e la sabbia era fresca e soffice. La spiaggia di Jurkalne era uno dei suoi luoghi preferiti in Lettonia. Era così **tranquilla** e rilassante e si sentiva sempre a suo agio quando veniva qui. Camminava a piedi nudi lungo la riva, lasciando che le onde le lambissero i piedi. Inspirò profondamente, riempiendo i polmoni con l'aria fresca del mare. Aveva un odore salato e pulito, come la **libertà**. Chiuse gli occhi ed emise un lungo sospiro di soddisfazione. Questo era il suo luogo felice, un posto dove poteva dimenticare tutti i problemi di casa e dove poteva essere semplicemente **se stessa**.

Qui nessuno la giudicava; a nessuno importava chi fosse o cosa facesse per vivere. A loro importava solo che si divertisse mentre visitava le bellissime **spiagge del** loro Paese. Ed era esattamente quello che aveva intenzione di fare oggi: rilassarsi e divertirsi! Camminò per un po', osservando i panorami e i suoni della spiaggia. Il suono dei gabbiani che starnazzavano sopra di lei era rilassante e sorrise mentre li osservava volare con grazia nell'aria. Sembravano così liberi... proprio come si sentiva lei qui. **Alla fine si** fermò vicino

ķiķinādama, kad aukstais ūdens tos glāstīja. Bija patīkami vienkārši sēdēt šeit un nedarīt neko citu, kā vien baudīt apkārt esošo dabas **skaistumu.** Viņa droši vien bija aizmigusi, jo, kad atkal atvēra acis, ārā jau bija **satumsis**.

Saule jau sen bija norietējusi, atstājot tikai **vāju** mirdzumu pie apvāršņa. Jūrkalnes pludmale tagad bija tukša; visi, izņemot viņu, bija devušies mājās uz nakti. Bet tas nekas, viņai tik un tā patika, ka viss bija tikai viņas ziņā! **Mēness gaisma** spilgti apspīdēja ūdeni zem ūdens, padarot to līdzīgu sudraba spogulim, kas atspīdēja viņai zem zvaigžņotajām debesīm virs galvas. Tā bija tik mierīgi sēdēt šeit vienai, viņa domāja sev. Pēkšņi viņa izdzirdēja pēdas aiz sevis un **kādu, kas** klusi sauca viņas vārdu: "Lena!". Viņa ātri pagriezās, bet tur neviena nebija. Viņu atkal sagaidīja tikai klusums . Nedaudz trīcēdama no bailēm vai **varbūt no** uztraukuma - viņa nebija pārliecināta, kas no tā - Lena lēnām piecēlās un sāka iet virzienā, no kurienes atskanēja **balss.**

a delle rocce ai margini della spiaggia. Si sedette e lasciò penzolare i piedi sull'acqua sottostante. Immerse le dita dei piedi, ridacchiando quando l'acqua fredda le fece il solletico. Era bello stare seduti qui e non fare altro che godersi la **bellezza della** natura che ci circondava. Doveva essersi appisolata, perché quando riaprì gli occhi si stava facendo **buio**.

Il sole era tramontato da tempo, lasciando solo un **debole** bagliore all'orizzonte. La spiaggia di Jurkalne era ormai deserta; tutti erano andati a casa per la notte, tranne lei. Ma non c'era problema: le piaceva comunque averla tutta per sé! La **luce della luna** illuminava l'acqua sottostante, facendola sembrare uno specchio d'argento che si rifletteva su di lei sotto il cielo stellato. Era così tranquillo stare qui da sola, pensò tra sé e sé. All'improvviso, sentì dei passi dietro di lei e **qualcuno** che chiamava il suo nome a bassa voce: "Lena!". Si girò velocemente, ma non c'era nessuno. Solo il silenzio la accolse ancora una volta. Tremando leggermente per la paura o **forse** per l'eccitazione - non sapeva bene quale - Lena si alzò lentamente e cominciò a camminare verso il punto da cui proveniva la **voce**.

Izpratnes jautājumi

1. Ko galvenais varonis dara pludmalē?

2. Ko galvenais varonis domā par kaijām?

3. Ko varonis domā par viļņu skaņām?

4. Kur galvenais varonis dodas pēc sēdēšanas pie klintīm?

5. Ko galvenais varonis domā par ūdeni?

6. Ko galvenais varonis domā par debesīm?

7. Ko galvenais varonis domā par smiltīm?

8. Ko galvenais varonis domā par cilvēkiem pludmalē?

9. Ko galvenā varone domā par savu laimīgo vietu?

10. Par ko domā galvenā varone, kad viņa dzird soļus un kādu, kas viņu sauc vārdā?

Domande di comprensione

1. Cosa fa il protagonista in spiaggia?

2. Cosa pensa il protagonista dei gabbiani?

3. Cosa pensa il protagonista del suono delle onde?

4. Dove va il protagonista dopo essersi seduto vicino alle rocce?

5. Cosa pensa il protagonista dell'acqua?

6. Cosa pensa il protagonista del cielo?

7. Cosa pensa il protagonista della sabbia?

8. Cosa pensa il protagonista delle persone sulla spiaggia?

9. Cosa pensa la protagonista del suo luogo felice?

10. A cosa pensa la protagonista quando sente dei passi e qualcuno che la chiama per nome?

Rudzu maize

Pirmo reizi rudzu maizi es ēdu pie vecmāmiņas. Viņa vienmēr gatavoja vislabākos ēdienus, un viņas rupjmaize nebija **izņēmums**. Maizes garoza bija perfekti kraukšķīga, bet iekšpuse mīksta un pūkaina. Tā garšoja kā debesu gabaliņš. Kopš tā laika esmu apsēsta ar rudzu maizi. Man patīk izmēģināt dažādas **receptes** un eksperimentēt ar dažādām garšām. Es pat esmu sākusi pati gatavot rauga ieraugu, lai ceptu savu amatniecisko maizi. Ir kaut kas tāds, kas mani dziļi uzrunā ar rudzu **garšu.** Tā ir zemnieciska un nedaudz salda, bet tai ir arī nedaudz pikanta garša fermentācijas procesa rezultātā. Tai vienkārši **nevar pretoties**.

Tagad es nevaru iedomāties dzīvi bez rudzu maizes - tā ir kļuvusi par **neatņemamu** manas personības sastāvdaļu. Kad man jautā, kas ir mans mīļākais ēdiens, es nešaubos: tā noteikti ir rudzu maize! Rudzu maize ir kļuvusi par manas diētas **pamatu,** un es nevaru iedomāties dzīvi bez tās. Es to ēdu brokastīs, pusdienās un vakariņās - dažkārt pat kā uzkodu. Tā ir tik daudzpusīga un garšīga. Man patīk izmēģināt jaunas receptes ar rudzu maizi, un iespējas ir bezgalīgas. Atkarībā no **noskaņojuma** var pagatavot saldus vai sāļus ēdienus. Un, ja jūtaties patiešām drosmīgi, ar to var pat cept! Rudzu maizes garša ir kaut kas tāds,

Pane di segale

La prima volta che ho mangiato il pane di segale è stato a casa di mia nonna. Lei preparava sempre il cibo migliore e il suo pane di segale non faceva **eccezione**. La crosta era perfettamente croccante e l'interno era morbido e soffice. Sembrava un pezzo di paradiso. Da allora sono ossessionata dal pane di segale. Mi piace provare **ricette** diverse e sperimentare sapori diversi. Ho anche iniziato a produrre il mio lievito madre per fare i miei pani artigianali. C'è qualcosa nel **sapore** della segale che mi parla a un livello profondo. È terroso e leggermente dolce, ma ha anche una punta di piccantezza dovuta al processo di fermentazione. È semplicemente **irresistibile**.

Non riesco a immaginare la mia vita senza il pane di segale: è diventato parte **integrante** della mia persona. Quando qualcuno mi chiede qual è il mio cibo preferito, non ho esitazioni: è sicuramente il pane di segale!
Il pane di segale è diventato un **punto fermo** della mia dieta e non riesco a immaginare una vita senza. Lo mangio a colazione, a pranzo e a cena, a volte anche come spuntino. È così versatile e delizioso. Mi piace provare nuove ricette con il pane di segale e le possibilità sono infinite. Si possono preparare piatti dolci o salati, a seconda del proprio **umore**. E se vi

kas mani dziļi uzrunā. Tā ir zemes garša un nedaudz salda, bet tai ir arī nedaudz pikanta garša fermentācijas procesa rezultātā. Tai vienkārši **nevar pretoties**. Tagad es nevaru iedomāties dzīvi bez rudzu maizes - tā ir kļuvusi par neatņemamu manas **personības sastāvdaļu**.

Nezinu, kas tas ir ar rudzu maizi, bet man tās vienkārši nepietiek. Tā ir kļuvusi par manas diētas pamatu, un es to ēdu katru dienu. **Brokastīs**, pusdienās, vakariņās - dažreiz pat kā uzkodu. Man patīk izmēģināt jaunas receptes ar rudzu maizi, un tās ir bezgalīgi daudz. Atkarībā no noskaņojuma var pagatavot saldus vai **sāļus** ēdienus. Un, ja jūtaties patiešām drosmīgi, ar to var pat cept! Rudzu maizes garša ir kaut kas tāds, kas mani dziļi uzrunā. Tā ir zemes garša un nedaudz **salda,** bet tai ir arī nedaudz pikanta garša **fermentācijas** procesa rezultātā. Tai vienkārši nevar pretoties. Rudzu maize ir viena no manām mīļākajām lietām pasaulē - es varētu ēst to visu dienu! Par laimi man (un manai vidukļa līnijai), ir tik daudz dažādu veidu, kā izbaudīt šo garšīgo ēdienu.

sentite davvero avventurosi, potete anche cucinare! C'è qualcosa nel sapore della segale che mi parla a livello profondo. È terroso e leggermente dolce, ma ha anche una punta di piccantezza dovuta al processo di fermentazione. È semplicemente **irresistibile**. Non riesco a immaginare una vita senza pane di segale: è diventato parte integrante della mia **persona**.

Non so cosa abbia il pane di segale, ma non riesco a farne a meno. È diventato un punto fermo della mia dieta e lo mangio ogni giorno. **Colazione**, pranzo, cena e a volte anche come spuntino. Mi piace provare nuove ricette con il pane di segale e le possibilità sono infinite. Si possono preparare piatti dolci o **salati**, a seconda del proprio umore. E se vi sentite davvero avventurosi, potete anche cucinarlo! C'è qualcosa nel sapore della segale che mi parla a livello profondo. È terroso e leggermente **dolce**, ma ha anche una punta di piccantezza dovuta al processo di **fermentazione**. È semplicemente irresistibile. Il pane di segale è una delle cose che preferisco al mondo: potrei mangiarlo tutto il giorno! Fortunatamente per me (e per il mio girovita), ci sono tanti modi diversi per gustare questo delizioso alimento.

Izpratnes jautājumi

1. Kāda bija pirmā reize, kad galvenais varonis ēda rudzu maizi?

2. Kur galvenais varonis pirmo reizi ēda rudzu maizi?

3. Kāpēc galvenā varoņa vecmāmiņas mājās rupjmaize ir vislabākā?

4. Kāda ir rudzu maizes garša?

5. Kāda ir galvenā varoņa apsēstība kopš brīža, kad viņš pirmo reizi ēda rudzu maizi?

6. Kas galvenajam varonim patīk rudzu maizes garšā?

7. Kas ir kļuvis par galveno varoņa uztura sastāvdaļu?

8. Cik bieži galvenais varonis ēd rupjmaizi?

9. Kādi ir daži no dažādajiem veidiem, kā varonis bauda rupjmaizi?

10. Kāpēc rudzu maize ir viena no galvenā varoņa mīļākajām lietām pasaulē?

Domande di comprensione

1. Qual è stata la prima volta che il protagonista ha mangiato pane di segale?

2. Dove è stata la prima volta che il protagonista ha mangiato il pane di segale?

3. Perché il pane di segale della nonna del protagonista è il migliore?

4. Che sapore ha il pane di segale?

5. Dalla prima volta che il protagonista ha mangiato il pane di segale, qual è stata la sua ossessione?

6. Che cosa ama il protagonista del sapore del pane di segale?

7. Cosa è diventato un alimento fondamentale nella dieta del protagonista?

8. Quanto spesso il protagonista mangia il pane di segale?

9. Quali sono i diversi modi in cui il protagonista gusta il pane di segale?

10. Perché il pane di segale è una delle cose che il protagonista preferisce al mondo?

Ziemassvētku eglītes

Ziemassvētku eglīte bija skaists skats. Tā bija noklāta ar **gaismiņām** un rotājumiem, un tā padarīja visu istabu svinīgu. Taču šajā eglītē bija kaut kas atšķirīgs. Tā bija ne tikai tā, kā tā izskatījās, bet arī tā, kā tā jutās. Tā šķita maģiska. Tiklīdz viņi ienāca istabā, viņi saprata, ka šogad Ziemassvētku eglīte ir kaut kas **citādāka.** Tā ne tikai izskatījās skaistāka nekā jebkad agrāk; tā bija īpaša. Viņi nevarēja izskaidrot, kāpēc, bet abi zināja, ka šī gada eglīte būs **īpaša**. Kad viņi sāka rotāt eglīti, viņus pārņēma satraukums un nepacietība. Viņi zināja, ka šogad notiks kaut kas **maģisks.** Un, kad viņi pabeidza likt pēdējo rotājumu, viņi dzirdēja **klusu** balsi: “Paldies.”

Viņi pārsteigti paskatījās viens uz otru; bija skaidrs, ka balss nāk no eglītes. Viņi nevarēja tam **noticēt!** Tā patiešām bija maģija. Dažas nākamās dienas pagāja satraukuma pilnā miglā. Visa māja bija piepildīta ar Ziemassvētku garu, un tas viss, pateicoties **maģiskajai** eglītei. Viņi nevarēja noticēt, cik ļoti viņiem paveicās, ka viņiem ir tik īpaša eglīte. Ziemassvētku vakarā viņi devās gulēt, jūtoties laimīgi un apmierināti. Viņi zināja, ka Ziemassvētku vecītis drīz nāks, bet viņi arī zināja, ka īstā Ziemassvētku **burvība** ir tieši viņu pašu viesistabā. Nākamajā rītā viņi pamodās un ieraudzīja

Alberi di Natale

L'albero di Natale era uno spettacolo bellissimo. Era ricoperto di **luci** e decorazioni e dava un aspetto festoso a tutta la stanza. Ma c'era qualcosa di diverso in questo albero. Non era solo il suo aspetto, ma anche la sua sensazione. Sembrava una magia. Non appena sono entrati nella stanza, hanno capito che l'albero di Natale di quest'anno aveva qualcosa di **diverso**. Non si trattava solo di un aspetto più bello che mai, ma di una sensazione speciale. Non sapevano spiegare perché, ma sapevano entrambi che l'albero di quest'anno sarebbe stato extra **speciale**. Mentre iniziavano a decorare l'albero, sentivano un senso di eccitazione e di attesa. Sapevano che quest'anno sarebbe successo qualcosa di **magico**. E di sicuro, mentre finivano di sistemare l'ultima decorazione, sentirono una voce **soave** dire: "Grazie".

Si guardarono l'un l'altro con stupore; era chiaro che la voce proveniva dall'albero di Natale. Non potevano **crederci**! Era davvero una magia. I giorni successivi furono un turbinio di emozioni. Tutta la casa era piena di spirito natalizio, e tutto grazie all'albero **magico**. Non riuscivano a credere alla fortuna di avere un albero così speciale. La vigilia di Natale andarono a letto felici e

pārsteidzošāko skatu. Visa istaba bija piepildīta ar dāvanām, un eglīti ieskaujēja skaists mirdzums. Viņi zināja, ka šie Ziemassvētki viņiem paliks **atmiņā uz** visiem laikiem. Paldies, ka izvēlējāties mūsu eglīti; tā patiešām ir **maģiska**.

Ziemassvētku rītā, sēžot ap eglīti, atverot dāvanas un baudot viens otra **sabiedrību,** viņi zināja, ka šie ir labākie Ziemassvētki. Viņiem bija tik ļoti paveicies, ka viņi bija atraduši tik īpašu eglīti. Tā bija padarījusi visu viņu svētku sezonu **perfektu**. Skatoties uz eglīti, viņi jutās pateicīgi par burvību, ko tā bija ienesusi viņu dzīvē. Viņi zināja, ka tā paliks viņu ģimenē uz **visiem laikiem**. Paldies, Ziemassvētku eglīte, ka padarīji mūsu brīvdienu sezonu tik īpašu. Mēs vienmēr atcerēsimies tevi un tavas maģiskās **spējas**.

contenti. Sapevano che Babbo Natale sarebbe arrivato presto, ma sapevano anche che la vera **magia** del Natale era proprio nel loro salotto. La mattina dopo si svegliarono con uno spettacolo **straordinario**. L'intera stanza era piena di regali e l'albero era circondato da un bellissimo bagliore. Sapevano che quel Natale sarebbe stato **ricordato** per sempre. Grazie per aver scelto il nostro albero; è davvero **magico**.

Quando la mattina di Natale si sono seduti intorno all'albero, aprendo i regali e godendo della reciproca **compagnia**, hanno capito che quello era il miglior Natale di sempre. Erano così fortunati ad aver trovato un albero così speciale. Aveva reso **perfetta l'**intera stagione delle feste. Guardando l'albero, si sentivano grati per la magia che aveva portato nelle loro vite. Sapevano che avrebbe fatto parte della loro famiglia **per sempre**. Grazie, albero di Natale, per aver reso le nostre vacanze così speciali. Ci ricorderemo sempre di te e dei tuoi **poteri** magici.

Izpratnes jautājumi

1. Kas bija atšķirīgs šī gada Ziemassvētku eglītē?

2. Kā dekorētāji jutās, kad rotāja eglīti?

3. Kāpēc šis koks bija īpašs?

4. Ko viņi dzirdēja sakām koku?

5. Kā eglīte padarīja svētku sezonu perfektu?

6. Par ko ģimene jutās pateicīga?

7. Vai viņi vienmēr atcerēsies koku?

8. Kā koks ienesa burvību ģimenes dzīvē?

9. Ko ģimene nekad neaizmirsīs par koku?

10. Kas padarīja koku tik unikālu?

Domande di comprensione

1. Cosa c'era di diverso nell'albero di Natale di quest'anno?

2. Come si sono sentiti gli addobbi dell'albero?

3. Perché l'albero era particolarmente speciale?

4. Cosa hanno sentito dire all'albero?

5. In che modo l'albero ha reso perfetta la stagione delle vacanze?

6. Per che cosa la famiglia si è sentita grata?

7. Si ricorderanno sempre dell'albero?

8. In che modo l'albero ha portato la magia nella vita della famiglia?

9. Che cosa la famiglia non dimenticherebbe mai dell'albero?

10. Cosa rendeva l'albero così unico?

Venta Rumba

Saule rietēja virs Ventas rumba, **ūdenskrituma** Latvijā. Ūdens mirdzēja pēdējos saules staros, un gaisu piepildīja ūdens šalkoņa. Tā bija mierīga vieta, un uz mirkli šķita, ka laiks ir apstājies. Pēkšņi atskanēja skaļš šļakats, kad kaut kas iekrita ūdenī. No dzīlēm, elpojot un elpojot, iznirusi jauna sieviete. Viņa bija **peldējusi** augšpus straumes un nonākusi pārāk tuvu ūdenskritumam. Tagad viņa turējās pie akmens, cenšoties atvilkt elpu, pirms spēcīgā straume viņu atkal ievilka zem ūdens. Viņa zināja, ka nevarēs šeit palikt uz visiem laikiem; galu galā viņai nāksies peldēt vai mirt, mēģinot to izdarīt. Viņa atspiedās no dzegas un devās **krasta virzienā**. Šķita, ka tā ir mūžība, bet beidzot viņa nokļuva drošībā un nogurusi, bet dzīva nokrita **krastā.**

Sievietes vārds bija Anna, un **sirdī** viņa bija piedzīvojumu meklētāja. Viņa jau gadiem ilgi bija pētījusi pasauli, un šķita, ka tā vienmēr atrod jaunus veidus, kā viņu pārsteigt. Šoreiz viņa bija peldējusies kādā Latvijas **upē,** kad pārāk **tuvu pietuvojās** Ventas Rumbas ūdenskritumam un straume viņu ievilka zem ūdens. Par laimi, viņa bija spēcīga peldētāja un spēja nokļūt krastā. Taču tagad viņa bija iestrēgusi svešā valstī bez **naudas** un personu apliecinošiem dokumentiem. Viņai vajadzēja kaut kā atrast ceļu

Venta Rumba

Il sole stava tramontando sulla Venta Rumba, una **cascata** in Lettonia. L'acqua scintillava negli ultimi raggi di sole e nell'aria si sentiva il rumore dell'acqua che scorreva. Era un luogo tranquillo e per un momento il tempo sembrava essersi fermato. All'improvviso si udì un forte tonfo, mentre qualcosa cadeva nell'acqua. Una giovane donna emerse dalle profondità, boccheggiando. Stava **nuotando** controcorrente e si era avvicinata troppo alle cascate. Ora si era aggrappata a una roccia, cercando di riprendere fiato prima di essere nuovamente trascinata dalla forte corrente. Sapeva che non poteva rimanere qui per sempre; alla fine avrebbe dovuto nuotare o morire nel tentativo. Si spinse giù dalla sporgenza e si diresse verso la **riva**. Le sembrò un'eternità, ma alla fine riuscì a mettersi in salvo e crollò sulla **riva**, esausta ma viva.

La donna si chiamava Anna e aveva un **cuore** avventuriero. Da anni esplorava il mondo, che sembrava trovare sempre nuovi modi per sorprenderla. Questa volta, stava nuotando in un **fiume** in Lettonia quando si è **avvicinata** troppo alla cascata Venta Rumba ed è stata trascinata dalla corrente. Fortunatamente, essendo una forte nuotatrice, è riuscita a raggiungere la riva. Ma ora era bloccata in un Paese

atpakaļ uz mājām. Anna sāka iet pret straumi, cerot atrast **tiltu** vai ko citu, kas viņai palīdzētu pārcelties pāri upei. Pēc brīža viņa nonāca pie neliela ciemata, kas atradās **ielejā** zem ūdenskrituma. Izskatījās, ka tas nav redzējis daudz apmeklētāju; varbūt viņi varētu viņai palīdzēt?

Anna devās uz **ciematu,** un drīz vien viņu sagaidīja draudzīga sieviete, kas uzstājās kā Inga. Viņa paskaidroja, ka šajā apvidū nav tiltu, bet viņa varētu palīdzēt Annai nokļūt mājās. Inga aizveda Annu uz savām mājām un paēdināja viņu ar **siltu** maltīti, bet pēc tam izvilka vecu karti. Tajā bija norādīts ceļš cauri kalniem, pa kuru Anna varētu atgriezties Latvijā. Ar Ingas palīdzību Anna sapakoja **krājumus** un nākamajā rītā devās ceļā. Ceļš bija grūts, bet pēc vairāku dienu pārgājiena Anna beidzot atgriezās Latvijā. Viņa bija nogurusi un netīra, bet jutās sajūsmā par **piedzīvojumu**. Viņa zināja, ka nekad neaizmirsīs Ventas rumbu un laipnos cilvēkus, kas viņai bija palīdzējuši ceļā.

straniero senza **soldi** né documenti. Avrebbe dovuto trovare un modo per tornare a casa in qualche modo. Anna iniziò a risalire la corrente, sperando di trovare un **ponte** o qualcosa che l'avrebbe aiutata ad attraversare il fiume. Dopo un po', si imbatté in un piccolo villaggio annidato nella **valle** sotto le cascate. Sembrava che non avesse visto molti visitatori; forse potevano aiutarla?

Anna si diresse verso il **villaggio** e fu subito accolta da una donna gentile che si presentò come Inga. Le spiegò che non c'erano ponti nella zona, ma che avrebbe potuto aiutare Anna a tornare a casa. Inga portò Anna a casa sua e le diede un pasto **caldo** prima di tirare fuori una vecchia mappa. Mostrava un percorso attraverso le montagne che avrebbe riportato Anna in Lettonia. Con l'aiuto di Inga, Anna preparò le **provviste** e si mise in viaggio il mattino seguente. La strada era dura, ma dopo diversi giorni di cammino, Anna riuscì finalmente a tornare in Lettonia. Era stanca e sporca, ma si sentiva euforica per la sua **avventura**. Sapeva che non avrebbe mai dimenticato Venta Rumba e le persone gentili che l'avevano aiutata lungo il cammino.

Izpratnes jautājumi

1. Kāds bija ūdenskrituma nosaukums?

2. Kādā valstī atradās ūdenskritums?

3. Ko darīja Anna, kad viņa nokļuva pārāk tuvu ūdenskritumam?

4. Kā Anna jutās, kad viņa nokļuva krastā?

5. Kas palīdzēja Annai, kad viņa nokļuva ciematā?

6. Ko Inga darīja, lai palīdzētu Annai?

7. Cik ilgā laikā Anna atgriezās Latvijā?

8. Kā Anna jutās, kad atgriezās Latvijā?

9. Kāda bija viena lieta, ko Anna zināja, ka nekad neaizmirsīs?

Domande di comprensione

1. Come si chiamava la cascata?

2. In quale Paese si trovava la cascata?

3. Che cosa ha fatto Anna quando si è avvicinata troppo alla cascata?

4. Come si è sentita Anna quando è arrivata a riva?

5. Chi ha aiutato Anna quando è arrivata al villaggio?

6. Che cosa ha fatto Inga per aiutare Anna?

7. Quanto tempo ha impiegato Anna per tornare in Lettonia?

8. Come si è sentita Anna quando è tornata in Lettonia?

9. Qual è la cosa che Anna sapeva che non avrebbe mai dimenticato?

Dainas tautas mūzika

Dainu tautas mūzika Latvijā ir **skaista** un unikāla mūzikas forma, kas tiek nodota no paaudzes paaudzē. Mūzikai raksturīgi seni instrumenti, piemēram, kokle, kas ir citru veids, un pašas dainas ir īsas dziesmas, kas stāsta stāstus vai pauž **emocijas**. Viena īpaša dziesma "Dievs, svētais un māte" ("Dievs, svētais un māte") man ir īpaši īpaša. To man dziedāja mana **vecmāmiņa,** kad biju maza meitene, un vienmēr, kad to dzirdu, tā man atsauc atmiņas par viņu. Dziesma stāsta par mātes mīlestību pret savu bērnu, neatkarīgi no tā, ko viņš ir darījis nepareizi. Tas ir atgādinājums, ka mūs visus kāds šajā pasaulē mīl **bez nosacījumiem.**

Ikreiz, kad klausos Dainas tautas mūziku, es atgriežos savās bērnības mājās Latvijā, kur **vecmāmiņa** man dziedāja šīs skaistās dziesmas. Lai gan viņas fiziski vairs nav kopā ar mums, viņas balss joprojām dzīvo šajās melodijās un tekstos. Dainu tautas mūzika vienmēr ir bijusi svarīga manas dzīves sastāvdaļa. Ikreiz, kad es dzirdu dainu, tā atsauc atmiņā **bērnību** un visus laimīgos brīžus, ko pavadīju kopā ar savu ģimeni. Atceros vienu īpašu vasaru, kad mēs pavadījām slinkas dienas pie upes, **makšķerējot** un peldoties. Vakaros

Musica popolare daina

La musica popolare daina della Lettonia è una forma di musica **bella** e unica che si è tramandata di generazione in generazione. La musica è caratterizzata dall'uso di strumenti antichi, come il kokle, un tipo di cetra, e le daine stesse sono brevi canzoni che raccontano storie o esprimono **emozioni**. Una canzone in particolare, "Dievs, svetiņš un māte" ("Dio, il Santo e la Madre"), è particolarmente speciale per me. Me la cantava mia **nonna** quando ero piccola e ogni volta che la sento mi torna in mente il suo ricordo. La canzone racconta la storia dell'amore di una madre per i suoi figli, indipendentemente da ciò che hanno fatto di male. Ci ricorda che tutti noi siamo amati **incondizionatamente** da qualcuno in questo mondo.

Ogni volta che ascolto la musica popolare Daina, vengo trasportata nella mia casa d'infanzia in Lettonia, dove mia **nonna** mi cantava queste bellissime canzoni. Anche se non c'è più fisicamente, la sua voce continua a vivere in queste melodie e in questi testi. La musica popolare daina è sempre stata una parte importante della mia vita. Ogni volta che ascolto una daina, mi tornano in mente i ricordi della mia **infanzia** e tutti i

mēs sēdējām pie ugunskura, un vecmāmiņa mums dziedāja dainas. Lai gan viņa nezināja visus vārdus, viņa pati izdomāja dziesmas vārdus, lai tie atbilstu melodijai. Mēs visi smējāmies un klaigājām līdzi, kad viņa **dziedāja**.

Tie bija vieni no labākajiem laikiem manā dzīvē. Mūsdienās, kad man ir **ilgas pēc mājām** vai bēdu sajūta, es ieslēdzu kādu Dainas tautas mūziku, un tā vienmēr palīdz man justies labāk. Tas ir kā mazs gabaliņš Latvijas, ko es varu paņemt līdzi, lai kurp es dotos. Dainu tautas **mūzika** ir tik īpašs un unikāls mūzikas veids. Tai piemīt spēja pārcelt tevi citā laikā un vietā, un tā vienmēr nes sev līdzi **priecīgas** atmiņas. Tāpēc es esmu tik pateicīga, ka mana vecmāmiņa man nodeva šo muzikālo tradīciju. Ikreiz, kad es dzirdu dainu, es atceros viņas balsi, kas man bērnībā dziedāja šīs skaistās dziesmas. Lai gan viņas vairs nav kopā ar mums, viņas balss joprojām dzīvo šajās melodijās. Un **par** to es mūžīgi būšu **pateicīga**.

momenti felici trascorsi con la mia famiglia. Ricordo un'estate in particolare, in cui trascorrevamo giornate pigre al fiume **a pescare** e a nuotare. La sera ci sedevamo intorno al fuoco e la nonna ci cantava le daine. Anche se non conosceva tutte le parole, inventava i suoi testi per adattarli alla melodia. Tutti noi ridevamo e applaudivamo mentre **cantava**.

Sono stati alcuni dei momenti più belli della mia vita. Oggi, ogni volta che ho **nostalgia di casa** o sono giù di morale, metto su un po' di musica folk di Daina e mi fa sempre sentire meglio. È come un piccolo pezzo di Lettonia che posso portare con me ovunque vada. La **musica** popolare Daina è una forma di musica così speciale e unica. Ha il potere di trasportarti in un altro tempo e luogo e porta sempre con sé ricordi **felici**. Ecco perché sono così grata che mia nonna mi abbia tramandato questa tradizione musicale. Ogni volta che sento una daina, mi viene in mente la sua voce che mi canta quelle belle canzoni quando ero bambina. Anche se non c'è più, la sua voce continua a vivere in queste melodie. E per questo le sarò per sempre **grata**.

Izpratnes jautājumi

1. Kas ir latviešu tautas mūzika Daina?

2. Kādas ir Dainas tautas mūzikas īpatnības?

3. Par ko ir dziesma “Dievs, svetiņš un māte”?

4. Kāpēc šī dziesma autoram ir īpaša?

5. Kādas ir autora atmiņas par Dainas tautas mūzikas klausīšanos bērnībā?

6. Kā autore jūtas, dzirdot Dainas tautas mūziku tagad?

7. Kādas ir autora mīļākās atmiņas par Dainas tautas mūzikas klausīšanos?

8. Ko autors domā par Dainas tautas mūziku?

9. Kāpēc autore ir pateicīga savai vecmāmiņai?

10. Ko autors domā par Dainas tautas mūzikas tradīciju?

Domande di comprensione

1. Che cos'è la musica popolare lettone Daina?

2. Quali sono alcune delle caratteristiche della musica popolare Daina?

3. Di cosa parla la canzone "Dievs, svetiņš un māte"?

4. Perché questa canzone è speciale per l'autore?

5. Quali sono i ricordi dell'autore quando ascoltava la musica popolare daina da bambino?

6. Che cosa prova l'autrice quando ascolta la musica folk di Daina?

7. Qual è il ricordo preferito dell'autore quando ascolta la musica popolare daina?

8. Cosa pensa l'autore della musica popolare daina?

9. Perché l'autrice è grata alla nonna?

10. Cosa pensa l'autore della tradizione musicale popolare daina?

Gaujas nacionālais parks

Gaujas nacionālais parks ir skaista **vieta**. **Ainavas** ir elpu aizraujošas, un **savvaļas dzīvnieki** ir pārsteidzoši. Nekad agrāk neko līdzīgu neesmu redzējis. Es šeit esmu kopā ar ģimeni, un mēs pavadām savu mūža laiku. Mēs esam devušies pārgājienos, braukuši ar kanoe un izpētījuši visu, ko piedāvā šis parks. Es nevaru sagaidīt, kad drīz atkal atgriezīsimies. Šodien mēs nolēmām doties garākā pārgājienā. Mēs sapakojām pusdienas un agri no **rīta devāmies** ceļā. Taka bija izaicinoša, bet tā bija tā vērta. Mēs redzējām dažus neticamus skatus un pa ceļam pat pamanījām dažus savvaļas dzīvniekus. Mēs atgriezāmies savā kempingā tieši tad, kad **saule jau** rietēja. Šī bija pārsteidzoša diena, un es **jau gaidu** rītdienas piedzīvojumus.

Rīt ir mūsu pēdējā diena Gaujas Nacionālajā parkā. Mēs esam izbaudījuši katru **minūti,** bet esam gatavi doties mājās. Esmu ļoti pateicīgs par šo pieredzi un visu, ko esmu iemācījies. Es nekad neaizmirsīšu šīs vietas **skaistumu un atmiņas, ko** šeit esam radījuši. Kad mēs sakravājam savas mantas un atvadāmies no Gaujas Nacionālā parka, es nevaru palīdzēt, bet jūtos

Parco nazionale della Gauja

Il Parco nazionale di Gauja è un **luogo** bellissimo. Il **paesaggio** è mozzafiato e la **fauna selvatica** è incredibile. Non ho mai visto nulla di simile prima d'ora. Sono qui con la mia famiglia e ci stiamo divertendo un mondo. Abbiamo fatto escursioni, canoa ed esplorato tutto ciò che il parco ha da offrire. Non vedo l'ora di tornare presto. Oggi abbiamo deciso di fare un'escursione più lunga. Abbiamo preparato il pranzo e siamo partiti la **mattina** presto. Il sentiero è stato impegnativo, ma ne è valsa la pena. Abbiamo visto panorami incredibili e abbiamo anche avvistato alcuni animali selvatici lungo il percorso. Siamo tornati al nostro campeggio proprio mentre il **sole** stava tramontando. È stata una giornata straordinaria e non vedo l'ora di affrontare le avventure di domani.

Domani è il nostro ultimo giorno qui al Parco Nazionale Gauja. Ci siamo goduti ogni **minuto**, ma siamo pronti a tornare a casa. Sono così grata per questa esperienza e per tutto ciò che ho imparato. Non dimenticherò mai la **bellezza** di questo luogo e i **ricordi che** abbiamo fatto qui. Mentre impacchettiamo le nostre cose e diciamo addio al Parco Nazionale Gauja, non posso fare a meno

nedaudz skumji. Šis ir bijis pārsteidzošs ceļojums, bet visam labajam ir jābeidzas. Es jau ar nepacietību gaidu mūsu nākamo **kopīgo** ģimenes piedzīvojumu.

Līdz tam es glabāsim **atmiņas par** šo īpašo vietu. Ceļš uz mājām ir garš, bet mēs visi esam labā noskaņojumā. Mēs sarunājamies un smejamies par visām jautrībām, ko piedzīvojām pagājušajā nedēļā. Es esmu tik pateicīga par savu ģimeni un šo brīnišķīgo **pieredzi**. Es nevaru vien sagaidīt, kad drīz atkal atgriezīšos Gaujas Nacionālajā parkā. Kad iebraucam mūsu piebraucamajā ceļā, es nevaru palīdzēt, bet jūtu atvieglojumu. Ir labi būt **mājās**. Es jau ar nepacietību gaidu nākamo reizi, kad varēsim kopā **izpētīt** šo skaisto parku. Līdz tam es glabāsim atmiņas par mūsu piedzīvojumu tuvu pie sirds.

di sentirmi un po' triste. È stato un viaggio straordinario, ma tutte le cose belle devono finire. Non vedo l'ora di vivere la nostra prossima avventura **in** famiglia.

Fino ad allora, conserverò i **ricordi** di questo luogo speciale. Il viaggio verso casa è lungo, ma siamo tutti di buon umore. Chiacchieriamo e ridiamo di tutto il divertimento che abbiamo avuto nell'ultima settimana. Sono così grata alla mia famiglia e a questa meravigliosa **esperienza**. Non vedo l'ora di tornare presto al Parco Nazionale Gauja. Quando entriamo nel nostro vialetto, non posso fare a meno di provare un senso di sollievo. È bello essere a **casa**. Non vedo l'ora che arrivi la prossima volta che potremo **esplorare** insieme questo bellissimo parco. Fino ad allora, terrò i ricordi della nostra avventura vicino al mio cuore.

Izpratnes jautājumi

1. Kāds ir autora viedoklis par Gaujas nacionālo parku?

2. Ko autors ir darījis Gaujas Nacionālajā parkā?

3. Kāds ir autora viedoklis par Gaujas nacionālā parka dzīvniekiem un augiem?

4. Kāds ir autora viedoklis par Gaujas nacionālā parka ainavām?

5. Ko autors šodien darīja?

6. Kāds ir autora viedoklis par taku, pa kuru viņi šodien devās pārgājienā?

7. Ko autors šodien redzēja pārgājienā?

8. Kurā diennakts laikā autors pabeidza pārgājienu?

9. Kāds ir autora viedoklis par ceļojumu kopumā?

10. Kāds ir autora plāns, kad viņi atgriezīsies mājās?

Domande di comprensione

1. Qual è l'opinione dell'autore sul Parco nazionale di Gauja?

2. Che cosa ha fatto l'autore durante il periodo trascorso nel Parco nazionale di Gauja?

3. Qual è l'opinione dell'autore sulla fauna selvatica del Parco nazionale di Gauja?

4. Qual è l'opinione dell'autore sul paesaggio del Parco nazionale della Gauja?

5. Che cosa ha fatto l'autore oggi?

6. Qual è l'opinione dell'autore sul sentiero che hanno percorso oggi?

7. Che cosa ha visto l'autore durante l'escursione di oggi?

8. A che ora del giorno l'autore ha terminato la sua escursione?

9. Qual è l'opinione dell'autore sul viaggio nel suo complesso?

10. Qual è il piano dell'autore per quando torneranno a casa?

Rundāles pils

Rundāles pils reiz bija krāšņs skats. Tā tika uzcelta 18. gadsimta sākumā, un tajā dzīvoja daudzas **dižciltīgas** ģimenes. Tomēr laika gaitā tā pamazām pamazām sāka pussabruka un tagad ir tikai drupas. Taču pat pašreizējā stāvoklī pils joprojām glabā **zināmu** šarmu. Kādā vasaras dienā jauna sieviete vārdā Anna, iepazīstot lauku ainavas, nonāca pie Rundāles pils. Viņa bija dzirdējusi stāstus par pili, bet nekad nedomāja, ka redzēs to **klātienē**. Tuvojoties pils ēkai, viņa redzēja, ka tā patiešām ir nolaista. Taču, neraugoties uz pils stāvokli, viņa nespēja vien sajūsmināties par tās **lielumu** un varenību. Izpētot pils teritoriju, Anna jutās tā, it kā būtu pārcēlusies citā laikmetā.

Viņa varēja iedomāties, kā tur bija jādzīvo pirms vairākiem gadsimtiem, kad to vēl apdzīvoja muižnieku ģimenes. Lai gan tagad tas bija tikai ēna no sava kādreizējā "es", Anna jutās laimīga, ka varēja klātienē iepazīt tik brīnišķīgu vietu. Turpinot **pētīt** Rundāles pili, Anna saskārās ar slēptu kāpņu telpu, kas veda uz jumta. Viņa uzkāpa pa kāpnēm un nokļuva uz **jumta,** kur viņu sagaidīja neticams skats. No sava skatu punkta viņa varēja redzēt jūdzes uz visām pusēm. Tas bija patiesi elpu aizraujošs. Anna kādu laiku palika uz jumta, vērojot ainavu un ļaujoties iztēlei. Viņa iztēlojās, kā būtu

Palazzo Rundale

Il Palazzo Rundale era un tempo uno spettacolo magnifico. Fu costruito all'inizio del XVIII secolo e fu la dimora di molte famiglie **nobili**. Con il tempo, però, è caduto in rovina e oggi non è altro che un rudere. Ma anche nel suo stato attuale, il palazzo conserva ancora un **certo** fascino. Un giorno d'estate, una giovane donna di nome Anna si imbatté nel Palazzo Rundale mentre esplorava la campagna. Aveva sentito parlare del palazzo, ma non aveva mai pensato di poterlo vedere di **persona**. Avvicinandosi, si accorse che era effettivamente in uno stato di abbandono. Ma nonostante le sue condizioni, non poté fare a meno di rimanere impressionata dalle sue **dimensioni** e dalla sua grandezza. Mentre Anna esplorava il parco del palazzo, le sembrò di essere stata trasportata indietro nel tempo, in un'altra epoca.

Poteva immaginare come doveva essere vivere lì secoli fa, quando era ancora abitato da famiglie nobili. Anche se ora era solo l'ombra di quello che era, Anna si sentiva fortunata per aver vissuto in prima persona un luogo così straordinario. Mentre Anna continuava a **esplorare** il Palazzo Rundale, si imbatté in una scala nascosta che portava sul tetto. Salì le scale ed emerse sul **tetto**, dove si trovò di fronte a una vista incredibile.

bijis būt vienai no dižciltīgajām ģimenēm, kas reiz tur dzīvoja. Viņa iztēlojās, kā greznās balles notiek greznās balles zālēs un dāmas pastaigājas pa koptiem dārziem. Lai gan šie laiki jau sen bija pagājuši, Anna jutās tā, it kā būtu ieskatījusies citā **pasaulē**.

Kad saule sāka rietēt, Anna negribīgi pameta **jumtu un** sāka doties atpakaļ pa apslēptajām kāpnēm. Taču, pirms viņa nokļuva lejā, viņa sadzirdēja troksni, kas nāca no viena no apakšējiem stāviem. Tas izklausījās tā, it kā kāds raudātu. Anna piesardzīgi nokāpa uz to stāvu, kur viņa bija dzirdējusi troksni, un sekoja tam, līdz nonāca pie durvīm. Viņa brīdi **vilcinājās,** bet tad nolēma tās atvērt. Iekšpusē viņa atrada vecu sievieti, kas sēdēja uz gultas nelielā istabā, kura bija pilna ar **kastēm** un citām mantām. Sieviete ar asarām acīs paskatījās uz Annu. Izrādījās, ka šī sieviete bija viena no pēdējām Rundāles pils iemītniecēm. Viņa stāstīja Annai par to, ka viņas ģimene kādreiz bija viena no dižciltīgajām ģimenēm, kas tur dzīvoja pirms vairākiem gadsimtiem, bet tagad viņi visi ir aizgājuši, un viņa palikusi **viena**. Sieviete sacīja, ka dažreiz viņa jūtas tā, it kā dzīvotu spoku pilsētā. To dzirdot, Annas sirds sadevās ar viņu, un viņa apsolīja drīz atkal atgriezties un **apciemot viņu.**

Dal suo punto di osservazione, poteva vedere per chilometri in ogni direzione. Era davvero mozzafiato. Anna rimase sul tetto per un po' di tempo, ammirando il paesaggio e lasciando che la sua immaginazione si **scatenasse**. Immaginò come sarebbe stato essere una delle famiglie nobili che un tempo vivevano lì. Immaginava i grandi balli che si tenevano nelle sontuose sale da ballo e le dame che passeggiavano nei giardini curati. Anche se quei giorni erano ormai lontani, Anna si sentiva come se avesse intravisto un altro **mondo**.

Quando il sole cominciò a tramontare, Anna lasciò a malincuore il **tetto** e iniziò a scendere le scale nascoste. Ma prima di arrivare in fondo, sentì un rumore provenire da uno dei piani inferiori. Sembrava che qualcuno stesse piangendo. Anna scese con cautela fino al piano in cui aveva sentito il rumore e lo seguì fino ad arrivare a una porta. **Esitò un attimo**, ma poi decise di aprirla. All'interno trovò una donna anziana seduta su un letto in una piccola stanza piena di **scatole** e altri oggetti. La donna guardò Anna con le lacrime agli occhi. Si scoprì che la donna era una delle ultime residenti di Rundale Palace. Raccontò ad Anna di come la sua famiglia fosse una delle famiglie nobili che vivevano lì secoli fa, ma ora erano tutti scomparsi e lei era **sola**. La donna disse che a volte le sembrava di vivere in una città fantasma. Sentendo questo, il cuore di Anna le si strinse e le promise di tornare presto a **trovarla**.

Izpratnes jautājumi

1. Kas ir Rundāles pils?

2. Kad tika uzcelta Rundāles pils?

3. Kādam nolūkam kādreiz tika izmantota Rundāles pils?

4. Kādiem mērķiem tagad tiek izmantota Rundāles pils?

5. Ko Anna domā par Rundāles pili?

6. Ko Anna iedomājās par Rundāles pili?

7. Ko Anna atrada uz Rundāles pils jumta?

8. Ko vecā sieviete pastāstīja Annai par Rundāles pili?

9. Kā Anna jutās pēc vecās sievietes stāsta?

10. Ko Anna apsolīja vecajai sievietei?

Domande di comprensione

1. Che cos'è il Palazzo Rundale?

2. Quando è stato costruito il Palazzo Rundale?

3. A cosa serviva il Palazzo Rundale?

4. A cosa serve ora il Palazzo Rundale?

5. Cosa pensava Anna del Palazzo Rundale?

6. Cosa immaginava Anna del Palazzo Rundale?

7. Cosa ha trovato Anna sul tetto del Palazzo Rundale?

8. Che cosa ha detto l'anziana ad Anna del Palazzo Rundale?

9. Come si è sentita Anna dopo aver ascoltato la storia della vecchia?

10. Cosa promise Anna all'anziana donna?

Pringles

Es gāju cauri **pārtikas** veikalam, kad tos ieraudzīju, un rūpējos par savām lietām. Pringles Viņi sēdēja turpat plauktā un skatījās uz mani ar savām mazajām actiņām. Es zināju, ka nevajadzētu, bet nevarēju pretoties. Es aizsniedzos pēc bundžas, un, pirms es to pamanīju, tās jau bija manā grozā. Es paņēmu tās mājās un atvāru kārbu. Tas bija kā nekas, ko es nekad iepriekš nebiju piedzīvojusi. Pirmā čipsa trāpīja man uz **mēles** un eksplodēja garšas uzplūdā. sierains, sāļš labums, kas turpināja nākt un nākt. Neilgi pēc tam visa kārba bija beigusies, un es vēlējos vēl. Nepagāja ilgs laiks, un Pringles kļuva par manas diētas **pamatu.** Katru dienu pēc darba es atnācu mājās un atvēru bundžu (vai divas). Mani draugi sāka par mani uztraukties; viņi teica, ka ēst tik daudz Pringles nav **veselīgi**.

Bet kas viņi ir tie, kas var spriest? Viņi nedzīvo manu dzīvi. Tikai es zinu, kas man ir vislabākais! Un manuprāt, nav nekā labāka par **gardiem** Pringles čipsiem. Bet tad kādu dienu notika kaut kas tāds, kas visu mainīja. Es ēdu savu ierasto Pringles uzkodu pēc darba, kad pēkšņi sāku justies dīvaini. Bija tā, it kā čipsi manā **vēderā** būtu dzīvi, kņudinādamies un vicinādamies apkārt. Sākumā es centos to ignorēt, bet sāpes ātri vien kļuva pārāk stipras, lai tās izturētu. Es

Pringles

Mi stavo facendo gli affari miei, camminando nel negozio **di alimentari**, quando le ho viste. Le Pringles erano lì sullo scaffale e mi fissavano con i loro occhietti. Sapevo che non avrei dovuto, ma non ho resistito. Ho preso la lattina e prima che me ne accorgessi erano già nel mio carrello. Li portai a casa e aprii il barattolo. Non avevo mai provato nulla di simile. La prima patatina ha colpito la mia **lingua** ed è esplosa in un'esplosione di sapore, di bontà salata e di formaggio che continuava ad arrivare. In breve tempo, l'intera lattina era finita e io ne volevo ancora. Non passò molto tempo prima che le Pringles diventassero un **punto fermo** della mia dieta. Ogni giorno, dopo il lavoro, tornavo a casa e aprivo una (o due) lattine. I miei amici cominciarono a preoccuparsi per me: dicevano che mangiare così tante Pringles non era **salutare**.

Ma chi sono loro per giudicare? Non stanno vivendo la mia vita. Solo io so cosa è meglio per me! E per quanto mi riguarda, non c'è niente di meglio di una **deliziosa** pila di patatine Pringles. Ma un giorno è successo qualcosa che ha cambiato tutto. Stavo mangiando il mio solito spuntino post-lavoro a base di Pringles quando improvvisamente ho iniziato a sentirmi strano. Era come se le patatine fossero vive nel mio **stomaco**,

aizskrēju uz vannas istabu un izmetu visu, kas atradās manā vēderā... tostarp Pringles. Tie iznāca ārā veseli, it kā nemaz nebūtu sagremoti. Bija tā, it kā tie ņirgātos par mani, jo gulēja kaudzē uz grīdas. Tad es sapratu, ka man no tiem jāatsakās uz visiem laikiem. Tas nebija viegli, bet ar **draugu** un ģimenes palīdzību es galu galā uz visiem laikiem atbrīvojos no Pringle **atkarības**.

Mūsdienās , kad vien redzu šos mazos čipsus, kas uz mani raugās no veikala plaukta, es eju prom, ne mirkli nedomājot **par** tiem. Ir pagājuši vairāki gadi, kopš es neesmu ēdusi Pringle, bet kādu dienu es jutos nostalģiski un nolēmu nopirkt bundžu. Veco laiku dēļ, tikai vienu kārbu. Bet, tiklīdz es atvēru vāciņu un ieelpoju **pazīstamo** siera smaržu, visas atmiņas atgriezās. Labie un sliktie laiki, kad es nespēju sevi piespiest apēst pat vienu čipsu. Tā vietā es vienkārši sēdēju un skatījos uz tām, aizmaldījusies domās. Tas ir smieklīgi, kā kaut kas tik **mazs** var tik ļoti ietekmēt tavu dzīvi. Kurš gan būtu domājis, ka maza čipsu kaudzīte mani tik **ļoti** mainīs?

che si contorcevano e si agitavano. All'inizio ho cercato di ignorarlo, ma il dolore è diventato presto troppo forte da sopportare. Mi precipitai in bagno e vomitai tutto quello che avevo nello stomaco... comprese le Pringles. Uscirono intere, come se non fossero mai state digerite. Era come se si prendessero gioco di me mentre giacevano ammucchiate sul pavimento. In quel momento capii che dovevo abbandonarle per sempre. Non è stato facile, ma con l'aiuto dei miei **amici** e della mia famiglia, alla fine ho abbandonato definitivamente la mia **dipendenza da** Pringle.

Oggi, ogni volta che vedo quelle piccole patatine che mi fissano dallo scaffale del supermercato, me ne vado senza **pensarci** due volte. Sono passati alcuni anni dall'ultima volta che ho mangiato una Pringle, ma l'altro giorno avevo nostalgia e ho deciso di comprarne un barattolo. In memoria dei vecchi tempi, solo una lattina. Ma non appena ho aperto il coperchio e ho annusato il **familiare** profumo di formaggio, tutti i ricordi mi sono tornati alla mente. I bei tempi e i brutti tempi in cui non riuscivo a mangiare nemmeno una patatina. Invece, rimasi lì a fissarle, perso nei miei pensieri. È buffo come qualcosa di così **piccolo** possa avere un impatto così grande sulla tua vita. Chi avrebbe mai pensato che una piccola pila di patatine mi avrebbe cambiato così **tanto**?

Izpratnes jautājumi

1. Ko dara galvenais varonis, ieraugot Pringles?

2. Kā jūtas galvenais varonis pēc Pringles ēdiena ēšanas?

3. Kāpēc galvenā varoņa draugi sāk par viņiem uztraukties?

4. Kas notiek ar galveno varoni pēc tam, kad viņš apēd Pringles?

5. Kā jūtas galvenais varonis, atkal ieraugot Pringles?

6. Ko galvenais varonis dara ar Pringles?

7. Ko galvenais varonis domā par Pringles?

8. Ko par Pringles domā galvenā varoņa ģimene?

9. Kāds tagad ir galvenā varoņa viedoklis par Pringles?

10. Vai “Pringles” ir pozitīva vai negatīva ietekme uz galvenā varoņa dzīvi?

Domande di comprensione

1. Cosa fa il protagonista quando vede le Pringles?

2. Come si sente il protagonista dopo aver mangiato le Pringles?

3. Perché gli amici del protagonista iniziano a preoccuparsi per loro?

4. Cosa succede al protagonista dopo aver mangiato le Pringles?

5. Come si sente il protagonista quando rivede le Pringles?

6. Cosa fa il protagonista con le Pringles?

7. Cosa pensa il protagonista delle Pringles?

8. Cosa pensa la famiglia del protagonista delle Pringles?

9. Qual è l'opinione del protagonista sulle Pringles ora?

10. Le Pringles hanno un impatto positivo o negativo sulla vita del protagonista?

Pludmalē

Pēc saullēkta viļņi ir skaļāki, un smiltis virs plūdmaiņām ir baltas. Es eju uz pludmali, **apbrīnoju** jūru un sauli. Mani pirksti jūt gliemežvāku rievas. Smiltis ir aukstas uz maniem pirkstiem. Es smaidu un eju tālāk. Plūdmaiņa ir liela, tāpēc man jābūt uzmanīgai, lai mani neaizvilktu iekšā. Es eju gar ūdens malu, apbrīnojot jūru. Saullēkts ir **skaists, un** viļņi šūpojas. Es jūtos tik mierīga. Nonāku vietā, kur ir klinšu atsegums. Es apsēžos un vēroju viļņus. Ūdens ir tik zils, un debesis tik **oranžas**. Es jūtos kā sapnī. Es aizveru acis un vienkārši klausos viļņos. Es ilgi tur sēdēju, līdz sadzirdēju, ka kāds sauc mani vārdā.

Atveru acis un redzu mammu, kas iet man pretī. Viņas sejā ir noraizējies skatiens. Es pasmaidu un pamāju ar roku, un viņa **atslābst**. “Man bija jautājums, kur tu aizgāji,” viņa saka. “Es priecājos, ka tev patīk pludmale.” Es atbildu: “Patīk.” “Šeit ir tik skaisti.” “Es zinu,” viņa saka. “Kad es biju tavā vecumā, es šeit mēdzu nākt visu laiku.” “Tiešām?” Es jautāju. “Jā,” viņa atbild. “Tā ir īpaša vieta.” “Vai tu kādreiz esi šeit satikusi kādu īpašu cilvēku?” Es jautāju. “Es satiku,” viņa atbild ar smaidu. “Tavu tēvu.” “Tiešām?” Es saku, **pārsteigts**. “Jā,” viņa atbild. “Mēs šeit visu laiku nācām kopā. Šeit mēs iemīlējāmies. “ Es smaidu, **iedomājoties, kā** mani

In spiaggia

Dopo l'alba, le onde sono più forti e la sabbia sopra la marea è bianca. Cammino verso la spiaggia, **ammirando** il mare e il sole. Le mie dita dei piedi sentono i solchi delle conchiglie. La sabbia è fredda sulle dita dei piedi. Sorrido e continuo a camminare. La marea è alta, quindi devo fare attenzione a non farmi trascinare. Cammino lungo la riva, ammirando il mare. L'alba è **bellissima** e le onde si infrangono. Mi sento così in pace. Arrivo a un punto in cui c'è una roccia affiorante. Mi siedo e guardo le onde. L'acqua è così blu e il cielo è così **arancione**. Mi sembra di essere in un sogno. Chiudo gli occhi e ascolto le onde. Rimasi seduto lì per molto tempo, finché non sentii qualcuno che chiamava il mio nome.

Apro gli occhi e vedo mia madre che viene verso di me. Ha un'espressione preoccupata. Le sorrido e la saluto, e lei **si rilassa**. "Mi chiedevo dove fossi andata", dice. "Sono contenta che ti stia godendo la spiaggia". Io rispondo: "Lo sto facendo". "È così bello qui". "Lo so", dice. "Venivo sempre qui quando avevo la tua età". "Davvero?" Chiedo. "Sì", risponde. "È un posto speciale". "Hai mai incontrato qualcuno di speciale qui?". Le chiedo. "Sì", risponde sorridendo. "Tuo padre". "Davvero?" Dico, **sorpreso**. "Sì", dice

vecāki iemīlas šajā skaistajā pludmalē. “Tā ir īpaša vieta,” viņa atkārto. “Es priecājos, ka tu šodien šeit ieradies.”

Mēs vēl kādu brīdi sēžam, **vērojot** viļņus un saulrietu. Tad pieceļamies un dodamies atpakaļ pie saviem pludmales dvieļiem. Es guļu un skatos uz zvaigznēm. Es jūtos tik laimīga un apmierināta. Viļņi tagad ir skaļāki, un smiltis ir aukstas. Saule riet, un pūš vēss vējš. Viļņi dauzās pret krastu, un gaisā jūtama sāls smarža. Tas ir ideāls vakars, lai būtu pludmalē. Es eju gar krastu, **klausos** viļņu šalkoņā un vēroju saulrietu. Es redzu cilvēku grupu, kas sēž uz smiltīm, smejas un joko. Izskatās, ka viņi lieliski pavada laiku. Es eju pie viņiem un jautāju, vai varu viņiem pievienoties. Viņi piekrīt, un mēs pavadām atlikušo vakara daļu, sarunājoties, smejoties un vērojot **saulrietu**. Tas ir lielisks vakars. Mēs ar grupu sarunājamies, līdz saule riet. Mēs dalāmies stāstos un jokos, un mums visiem ir lieliski pavadīts laiks. Kad nakts sāk krietni krietni samazināties, mēs visi sākam justies noguruši. Mēs noskūpstām viens otru uz **atvadāmies** un šķiramies. Es dodos atpakaļ uz savu viesnīcu, jūtoties laimīgs un apmierināts. Es nevaru noticēt, cik šeit ir brīnišķīgi. Man ir tik ļoti paveicies, ka esmu to **piedzīvojusi.**

lei. “Venivamo sempre qui insieme. È qui che ci siamo innamorati. “Sorrido, **immaginando i** miei genitori che si innamorano su questa bellissima spiaggia. “È un posto speciale”, ripete. “Sono felice che siate venuti qui oggi”.

Rimaniamo seduti ancora per un po’ a **guardare** le onde e il tramonto. Poi ci alziamo e torniamo ai nostri teli da mare. Mi sdraio e guardo le stelle. Mi sento così felice e soddisfatta. Le onde ora sono più forti e la sabbia è fredda. Il sole sta tramontando e soffia una brezza fresca. Le onde si infrangono sulla riva e nell’aria si sente l’odore del sale. È una serata perfetta per stare in spiaggia. Cammino lungo la riva, **ascoltando** il suono delle onde e guardando il tramonto. Vedo un gruppo di persone sedute sulla sabbia che ridono e scherzano. Sembra che si stiano divertendo molto. Mi avvicino a loro e chiedo se posso unirmi a loro. Mi rispondono di sì e passiamo il resto della serata a parlare, ridere e guardare il **tramonto**. È una serata perfetta. Io e il gruppo parliamo fino al tramonto. Condividiamo storie e battute e ci divertiamo molto. Quando la notte inizia a calare, cominciamo tutti a sentirci stanchi. Ci **salutiamo** con un bacio e ci separiamo. Torno al mio hotel, felice e soddisfatta. Non riesco a credere a quanto sia bello qui. Sono così fortunata ad averlo **vissuto**.

Izpratnes jautājumi

1. Kur stāstītāja dodas pēc pamošanās?

2. Ko stāstītāja apbrīno, ejot gar pludmali?

3. No kā stāstītājai ir jāuzmanās, ejot gar pludmali?

4. Kur stāstītājs apsēžas, lai baudītu skatu?

5. Cik ilgi stāstītājs tur sēž?

6. Ko stāstītāja redz, kad viņa atkal atver acis?

7. Ko saka stāstītāja māte?

8. Par ko stāstniece un cilvēki, kurus viņa satiek, runā?

Domande di comprensione

1. Dove va la narratrice dopo essersi svegliata?

2. Che cosa ammira la narratrice mentre cammina lungo la spiaggia?

3. A che cosa deve fare attenzione la narratrice mentre cammina lungo la spiaggia?

4. Dove si siede il narratore per godersi il panorama?

5. Per quanto tempo il narratore rimane seduto lì?

6. Chi vede la narratrice quando riapre gli occhi?

7. Cosa dice la madre del narratore?

8. Di che cosa parlano il narratore e le persone che incontra?

Kempings pie ezera

Es eju ezera virzienā, **apbrīnojot** šīs ainavas mieru. Saule apspīd mazo ezeru, padarot ūdeni līdzīgu stikla virsmai. Vienīgā kustība ir retu reizi viļņošanās, ko rada kāda zivs, **izskalojot** ūdens virsmu. Pat putni, šķiet, atpūšas no karstuma, un gaisu piepilda tikai cikādes. **Pēkšņi** mieru pārtrauc skaļš šļakats. Liela **zivs** ir izlēkusi no ūdens, cenšoties noķert pūķi. Zivs netrāpa mērķim un ar šļakatām krīt atpakaļ ūdenī. “Vau,” domāju sev, “tā bija liela zivs!”. Es paskatījos apkārt, vai kāds cits to nav redzējis, bet tuvumā neviena nebija. Domāju, ka man būs viņiem par to jāstāsta, kad atgriezīšos nometnē.

Karstums ir **nomācošs, tāpēc ir** grūti elpot. Gaiss ir biezs un smags, kā ap tevi apvilkta sega. Vienīgais atvieglojums ir ūdens. Tas ir vēss un atsvaidzinošs, kā auksts dzēriens karstā dienā. Es dziļi ieelpoju un ienirstu ūdenī. Atvieglojums ir tūlītējs, jo vēsais ūdens mani ieskauj. Peldos līdz pašam dibenam un tad atkal izkāpju virspusē, sajūtot, kā ūdens atvēsina manu ķermeni. Es turpinu **peldēt** apļus, izbaudot atpūtu no karstuma. Pēc brīža izkāpju no ūdens un apgūnos uz zāles, ļaujot saulei izžāvēt ķermeni. Aizveru acis un aizmigstu, un **cikāžu** skaņas mani iemidzina dziļā miegā. Es ļauju saulei izskalot ūdeni no manas ādas.

Campeggio al lago

Cammino verso il lago, **ammirando** la tranquillità della scena. Il sole batte sul piccolo lago, facendo sembrare l'acqua una lastra di vetro. L'unico movimento è l'increspatura occasionale di un pesce **che rompe** la superficie. Anche gli uccelli sembrano prendersi una pausa dal caldo, con il solo suono delle cicale che riempie l'aria. **All'improvviso**, la pace è rotta da un forte tonfo. Un grosso **pesce** è saltato fuori dall'acqua, cercando di catturare una libellula. Il pesce manca il bersaglio e ricade in acqua con un tonfo. "Wow", penso tra me e me, "quello era un pesce grosso!". Mi guardai intorno per vedere se qualcun altro l'avesse visto, ma non c'era nessuno. Immagino che dovrò raccontarlo quando tornerò al campo.

Il caldo è **opprimente** e rende difficile respirare. L'aria è densa e pesante, come una coperta che ti avvolge. L'unico sollievo è l'acqua. È fresca e rinfrescante, come una bibita fresca in una giornata calda. Faccio un respiro profondo e mi immergo nell'acqua. Il sollievo è immediato quando l'acqua fresca mi circonda. Nuoto fino al fondo e poi risalgo in superficie, sentendo l'acqua rinfrescare il mio corpo. Continuo a **nuotare** a vasche, godendomi la tregua dal caldo. Dopo un po' esco dall'acqua e mi sdraio sull'erba, lasciando

Es jūtu, kā mana āda kļūst sarkana, bet man tas ir vienalga. Man ir pārāk karsti, lai mani tas uztrauktu. Nākamais, ko es zinu, ir saulriets. Debesis ir skaisti oranžas, ar rozā un violetām svītrām. Karstuma vairs nav, to nomaina vēss **vējš**.

Es pieceļos un atkal uzvelku drēbes, jūtoties atsvaidzināta un atjaunota. Es dziļi **ieelpoju** vēso gaisu un pasmaidu. Ir patīkami būt dzīvai. Es eju atpakaļ uz kempingu, apbrīnojot, kā debesīs dejo krāsas. Tālumā redzu degošu ugunskuru, un gaisā jūtama dūmu smarža. Es smaidu un **paātrinu** soli. Esmu gatava atpūsties un izbaudīt atlikušo vakaru. Es ieeju kempingā un redzu, ka visi ir sapulcējušies ap ugunskuru. Viņi **smejas** un joko, un es redzu, kā uguns atspīd viņu acīs. Es smaidu un apsēžos blakus saviem draugiem. Ir patīkami atgriezties. Nākamajā rītā pamostos agri un sāku vākt savas mantas. Es nepacietīgi gaidu, kad varēsim atgriezties uz takas un turpināt savu ceļojumu. Es atvados no draugiem un sāku doties prom. Ejot es pēdējo reizi apskatīju **nometnes vietu**. Tālumā redzu, ka uguns joprojām deg, un gaisā jūtama dūmu smaka. Es smaidu un paātrinu soli. Esmu gatava turpināt savu **ceļojumu**.

che il sole asciughi il mio corpo. Chiudo gli occhi e mi addormento, mentre il suono delle **cicale** mi culla in un sonno profondo. Lascio che il sole scrosti l'acqua dalla mia pelle. Sento la pelle arrossarsi, ma non mi importa. Sono troppo accaldato per preoccuparmene. Il cielo è di un bellissimo arancione, con striature di rosa e viola. Il caldo è scomparso, sostituito da una fresca **brezza**.

Mi alzo e mi rivesto, sentendomi rinfrescata e ringiovanita. **Respiro** profondamente l'aria fresca e sorrido. È bello essere vivi. Torno al campeggio, ammirando il modo in cui i colori danzano nel cielo. Vedo il fuoco che arde in lontananza e sento l'odore del fumo nell'aria. Sorrido e **accelero il** passo. Sono pronto a rilassarmi e a godermi il resto della serata. Entro nel campeggio e vedo che tutti sono riuniti intorno al fuoco. **Ridono** e scherzano e posso vedere il fuoco riflesso nei loro occhi. Sorrido e mi siedo accanto ai miei amici. È bello essere tornati. La mattina dopo mi sveglio presto e comincio a raccogliere le mie cose. Sono impaziente di riprendere il cammino e continuare il mio viaggio. Saluto i miei amici e mi incammino. Mentre cammino, do un'ultima occhiata al **campeggio**. Vedo il fuoco ancora acceso in lontananza e sento l'odore del fumo nell'aria. Sorrido e accelero il passo. Sono pronto a continuare il mio **viaggio**.

Izpratnes jautājumi

1. Kur staigātājs dodas?

2. Kādi ir laikapstākļi?

3. Kā izskatās ūdens?

4. Kā staigātājs reaģē uz karstumu?

5. Ko dara zivs?

6. Kāpēc staigātājs ir viens?

7. Kā jūtas ūdens?

8. Kā staigātājs jūtas pēc peldes?

9. Kādā diennakts laikā staigātājs pamostas?

10. Kur dodas pastaigu gājējs, kad viņš atstāj nometni?

Domande di comprensione

1. Dove sta andando il camminatore?

2. Che tempo fa?

3. Che aspetto ha l'acqua?

4. Come reagisce il deambulatore al calore?

5. Cosa sta facendo il pesce?

6. Perché il camminatore è solo?

7. Come si sente l'acqua?

8. Come si sente il camminatore dopo il nuoto?

9. A che ora del giorno si sveglia il deambulatore?

10. Dove va l'ambulante quando lascia il campo?

Māja

Pagājušajā nedēļā es pārcēlos uz savu jauno māju, un es esmu tik **sajūsmināta**! Tā ir daudz lielāka par manu veco māju, un tai ir liels pagalms. Es nevaru vien sagaidīt, kad pie manis varēs ierasties draugi uz grilēšanu un ballītēm. Mana **mīļākā** daļa ir mana jaunā guļamistaba. Tā ir tik liela un gaiša, un man ir daudz vietas, kur novietot visas savas mantas. Es esmu ļoti apmierināta ar savu jauno māju, un domāju, ka būšu šeit ļoti laimīga. Es nolēmu mazliet vairāk izpētīt māju. Es uzkāpu otrajā stāvā un sāku iet uz virtuvi, kad ieraudzīju uz sienas lielu melnu zirnekli! Es kliedzu un skrēju lejā. Man bija tik **bail**! Bet pēc dažām minūtēm es nomierinājos un nolēmu atgriezties augšā. Es lēnām nokļuvu virtuvē un ieraudzīju, ka zirnekļa vairs nav. Man bija tik liels atvieglojums! Es atgriezos lejā un nolēmu doties ārā, lai izpētītu **pagalmu**. Tas bija tik liels! Es nespēju noticēt. Stūrī ieraudzīju šūpoles un slidkalniņu. Es redzēju arī basketbola tīklu un **batutu**. Es biju sajūsmā!

Es nevaru sagaidīt, kad varēsiet izmantot visus šos jaunos līdzekļus. **Kaimiņi** atnāca un iepazīstināja ar sevi. Viņi šķita ļoti jauki, un mēs kādu laiku runājāmies. Viņi uzaicināja mani uz BBQ nākamajā nedēļas nogalē, un es teicu, ka labprāt ieradīšos. Pirmā nedēļa jaunajā

La casa

La settimana scorsa mi sono trasferita nella mia nuova casa e sono così **entusiasta**! È molto più grande di quella vecchia e ha un grande cortile. Non vedo l'ora di invitare gli amici per grigliate e feste. La mia parte **preferita** è la mia nuova camera da letto. È così grande e luminosa e ho molto spazio per mettere tutte le mie cose. Sono molto contenta della mia nuova casa e penso che sarò molto felice qui. Ho deciso di esplorare ancora un po' la casa. Sono salita al secondo piano e ho iniziato a dirigermi verso la cucina quando ho visto un grosso ragno nero sul muro! Ho urlato e sono corsa di sotto. Ero così **spaventata**! Ma dopo qualche minuto mi sono calmata e ho deciso di tornare di sopra. Mi sono avvicinata lentamente alla cucina e ho visto che il ragno non c'era più. Ero così sollevata! Tornai al piano di sotto e decisi di uscire per esplorare il **giardino**. Era così grande! Non potevo crederci. Vidi un'altalena in un angolo e uno scivolo. Vidi anche una rete da basket e un **trampolino**. Ero così eccitato!

Non vedo l'ora di usare tutto questo nuovo materiale. I **vicini sono** venuti e si sono presentati. Sembravano molto gentili e abbiamo parlato per un po'. Mi hanno invitato al loro barbecue il prossimo fine settimana e ho detto che mi sarebbe piaciuto venire. La prima

mājā man bija lieliska, un es esmu sajūsmā par visiem jaunajiem piedzīvojumiem, kas man priekšā. Šodien es atkal iešu izpētīt pagalmu un paskatīties, ko vēl varu atrast. Kas zina, varbūt es pat atradīšu kādu **dārgumu**. Es nevaru vien sagaidīt, ko nesīs nākamā nedēļa! Nākamajā nedēļā es atkal devos izpētīt pagalmu un atradu **slepeno** dārzu. Tas bija tik skaists! Visur bija puķes un mazs dīķis ar zivīm. Es ieraudzīju arī šūpoles, ko iepriekš nebiju redzējusi. Es biju tik sajūsmināta, ka atradu šo slepeno dārzu, un es nevaru sagaidīt, kad to izpētīšu vēl. Tas bija tik **skaists**!

Visur bija puķes un neliels dīķis ar zivīm. Es redzēju arī **šūpoles,** ko iepriekš nebiju redzējis. Es biju tik sajūsmināta, ka atradu šo slepeno dārzu, un nevaru vien sagaidīt, kad to izpētīšu vēl vairāk. Man ļoti patika arī mana jaunā istaba. Tā bija tik liela un gaiša, un uz sienām jau bija izvietoti manu mīļāko grupu plakāti. Man pat nebija jāņem līdzi savas **mēbeles,** jo šeit jau bija gulta, kumode un rakstāmgalds. Šis būs labākais gads! Biju nedaudz uztraucies, sākot mācības jaunā **skolā,** bet visi mani jaunie kaimiņi ir tik draudzīgi. Es pat iepazinos ar meiteni, kas dzīvo kaimiņos, un viņa teica, ka pirmajā dienā iet uz skolu kopā ar mani. Man patīk mana jaunā māja, un es esmu tik satraukusies sākt šo jauno dzīves nodaļu! Rītdiena būs lieliska!

settimana nella mia nuova casa è stata fantastica e sono entusiasta di tutte le nuove avventure che mi aspettano. Oggi andrò di nuovo a esplorare il cortile per vedere cos'altro riesco a trovare. Chissà, forse troverò anche un **tesoro**. Non vedo l'ora di vedere cosa mi porterà la prossima settimana! La settimana successiva sono andata di nuovo in esplorazione nel cortile e ho trovato un giardino **segreto**. Era così bello! C'erano fiori dappertutto e un laghetto con i pesci. Ho visto anche un'altalena che non avevo mai visto prima. Ero così entusiasta di aver trovato questo giardino segreto e non vedo l'ora di esplorarlo ancora. Era così **bello**!

C'erano fiori dappertutto e un laghetto con dei pesci. Ho anche visto un'**altalena** che non avevo mai visto prima. Ero così entusiasta di aver trovato questo giardino segreto e non vedo l'ora di esplorarlo meglio. Mi è piaciuta molto anche la mia nuova stanza. Era così grande e luminosa e sulle pareti c'erano già i poster delle mie band preferite. Non ho nemmeno dovuto portare i miei **mobili**, perché c'erano già un letto, una cassettiera e una scrivania. Questo sarà l'anno migliore di sempre! Ero un po' nervosa all'idea di iniziare una nuova **scuola**, ma tutti i miei nuovi vicini sono stati così amichevoli. Ho persino conosciuto una ragazza che abita nella casa accanto e ha detto che verrà a scuola con me il primo giorno. Adoro la mia nuova casa e sono così entusiasta di iniziare questo nuovo capitolo della mia vita! Domani sarà fantastico!

Izpratnes jautājumi

1. Kur persona dzīvo?

2. Kā cilvēkam patīk jaunajā mājoklī?

3. Kāda ir personas mīļākā jaunā mājokļa daļa?

4. Ko cilvēks atrada dārzā?

5. Kas ir kaimiņi?

6. Kā cilvēks jutās pirmajās dienās jaunajā mājoklī?

7. Kāda ir personas mīļākā jaunās istabas daļa?

8. Ko šī persona plāno darīt rīt?

9. Kāda bija labākā daļa no pirmās nedēļas jaunajā mājoklī?

10. Kas viss ir personas jaunajā istabā?

Domande di comprensione

1. Dove vive la persona?

2. Come si trova la persona nella nuova casa?

3. Qual è la parte preferita della nuova casa?

4. Che cosa ha trovato la persona nel giardino?

5. Chi sono i vicini?

6. Come sono stati i primi giorni nella nuova casa?

7. Qual è la parte preferita della nuova stanza?

8. Che cosa ha intenzione di fare domani?

9. Qual è stata la parte migliore della prima settimana nella nuova casa?

10. Che cosa c'è nella nuova stanza della persona?

Vilcienā

Es aizskrēju uz dzelzceļa staciju, bet biju par vēlu. Vilciens jau bija aizbraucis bez manis. Es jutos tik **dusmīga** un **vīlusies** sevī. Biju plānojusi ar vilcienu doties pie vecvecākiem, kuri dzīvo laukos, bet tagad man nāksies veselu stundu gaidīt nākamo vilcienu. Tā vietā es nolēmu kādu laiku pastaigāties pa pilsētu un mēģināju aizmirst par neizmantoto iespēju. Ejot es sāku **sapņot par** visām tām vietām, kur **vilcieni** var aizvest. Pēkšņi es vairs nebiju tik satraukta. Es devos atpakaļ uz staciju un nevarēju nepamanīt lielo sarkanbaltsarkano, baltsarkano un zilo lokomotīvi, kas traucās man pa priekšu. Tikai tad, kad ieraugu **konduktoru, kas** man pamāja no loga, saprotu, ka šis vilciens ir domāts man. Es iekāpju vilcienā un atrodu savu vietu, iekārtojos, lai sagaidītu garu braucienu.

Kad izbraucam no stacijas, es nevaru nedomāt, kur šis vilciens mani aizvedīs. Cauri zaļiem **laukiem** un pāri zilajām upēm, garām kalniem un ielejām - nav zināms, kur šis vecais vilciens aizvedīs. Kad nakts sāk krāties, es ieslīgstu **mierīgā** miegā, nomierināts ar vagonu **ritmisko** kustību uz sliedēm zem sliedēm. Kad atkal pienāk rīts, atveru acis un redzu, ka esam ieradušies mazā pilsētiņā kaut kur nekurienes vidū. Saule tikko uzspīd pāri horizontam, kad vietējie iedzīvotāji sāk

Sul treno

Corsi alla stazione ferroviaria, ma ero troppo in ritardo. Il treno era già partito senza di me. Mi sentivo così **arrabbiata** e **delusa** con me stessa. Avevo intenzione di prendere il treno per andare a trovare i miei nonni che vivono in campagna, ma ora avrei dovuto aspettare un'ora intera per il treno successivo. Decisi invece di passeggiare un po' per la città, cercando di dimenticare l'occasione persa. Mentre camminavo, ho iniziato a **sognare a occhi aperti** tutti i luoghi in cui il **treno** può portarti. Improvvisamente, non ero più così arrabbiata. Rientro in stazione e non posso fare a meno di notare la grande locomotiva rossa, bianca e blu che si dirige verso di me. Solo quando vedo il **capotreno che** mi saluta dal finestrino capisco che quel treno è per me. Salgo sul treno e trovo il mio posto, sistemandomi per quello che si preannuncia un lungo viaggio.

Mentre usciamo dalla stazione, non posso fare a meno di chiedermi dove mi porterà questo treno. Attraverso **campi** verdi e fiumi blu, passando per montagne e valli, non si sa dove andrà questo vecchio treno. Quando inizia a calare la notte, mi addormento in un sonno **tranquillo**, cullato dal movimento **ritmico** dei vagoni sui binari sottostanti. Quando arriva il mattino, apro gli occhi e scopro che siamo arrivati in una piccola città

rosīties pa galveno ielu; šeit izskatās kā jebkurā citā dienā, izņemot vienu - pie pilsētas domes ir izvietota liela izkārtne ar uzrakstu “Laipni lūgti uz klāja!”. Šķiet, ka šī mazpilsēta mūs ir gaidījusi, lai gan mēs esam tikai parasts **pasažieru** vilciens, kas brauc cauri pa ceļam citur. Kad mēs atkal atstājam pilsētu aiz muguras un dodamies nezin kur tālāk, es smaidu par visām draudzīgajām sejām, kas atvadās no mazajām mājām, kas iespraukušās starp **lauksaimniecības zemēm, -** patiešām ir apbrīnojami, kā kaut kas tik šķietami parasts var sagādāt tik daudz prieka, vienkārši braucot garām. Un tad, protams, ir **bērni**.

Izliecos pa lokomotīves logu. Viņi mani vienmēr dara tik laimīgu ar savām mirdzošajām acīm un lielajiem smaidiem. Es enerģiski pamāju viņiem atpakaļ, pirms atgriežos savā **kabīnē** un apsēžos. Šī jau ir bijusi gara diena, bet tā vēl nav beigusies; vēl ir atlikušas dažas stundas, līdz mēs sasniegsim **galamērķi**. Izvelku grāmatu un sāku lasīt, ļaujot vilciena ritmiskajai šūpošanai mani iemidzināt mierīgā stāvoklī. Ik pa brīdim palūkojos uz ārā redzamo ainavu - tā nekad nenoveco, lai cik reizes to redzētu. Beidzot nakts sāk krāties, un tālumā sāk parādīties **mirgojošas** gaismas; mēs jau tuvojamies.

nel bel mezzo del nulla. Il sole fa appena capolino all'orizzonte, mentre la gente del posto inizia a girare per la Main Street; sembra un giorno come un altro, tranne che per una cosa: c'è un grande cartello affisso vicino al municipio che recita "Benvenuti a bordo!". Sembra che questa piccola città ci stesse aspettando, anche se siamo solo un normale treno **passeggeri** di passaggio sulla nostra strada. Mentre ci lasciamo ancora una volta la città alle spalle, andando verso chissà dove, sorrido a tutte le facce amichevoli che ci salutano da quelle casette incastonate tra i **campi coltivati:** è davvero incredibile come qualcosa di così apparentemente ordinario possa portare tanta gioia semplicemente passando di lì. E poi, naturalmente, ci sono i **bambini**.

Mi affaccio al finestrino della mia locomotiva. Mi fanno sempre sentire così felice con i loro occhi lucidi e i loro grandi sorrisi. Li saluto energicamente prima di tornare nella mia **cabina** e sedermi. È stata già una lunga giornata, ma non è ancora finita; mancano ancora alcune ore per raggiungere la nostra **destinazione** finale. Tiro fuori il mio libro e inizio a leggere, lasciando che il dondolio ritmico del treno mi culli in uno stato di pace. Di tanto in tanto alzo lo sguardo verso il paesaggio che passa fuori: non diventa mai vecchio, anche se lo vedo tante volte. Alla fine inizia a calare la notte e le luci **scintillanti** cominciano ad apparire in lontananza; ci stiamo avvicinando.

Izpratnes jautājumi

1. Kur brauc vilciens?

2. Kas brauc vilcienā?

3. Kad atiet vilciens?

4. Kā galvenais varonis nokļūst vilcienā?

5. No kurienes brauc vilciens?

6. Kur vilciens brauc tālāk?

7. Kad ieradās pasažieri?

8. Kā jūtas galvenais varonis, kad viņš nokavē vilcienu?

9. Kā reaģē vilciena mašīnists, ieraugot galveno varoni?

10. Kāpēc galvenajam varonim patīk vilcieni?

Domande di comprensione

1. Dove va il treno?

2. Chi viaggia sul treno?

3. Quando parte il treno?

4. Come fa il protagonista a salire sul treno?

5. Da dove viene il treno?

6. Dove è diretto il treno?

7. Quando sono arrivati i passeggeri?

8. Come si sente il protagonista quando perde il treno?

9. Come reagisce il macchinista quando vede il protagonista?

10. Perché al protagonista piacciono i treni?

Vakariņu gatavošana

Ir 17.00, un es eju mājās no darba. Es **gaidu** mierīgu vakaru mājās kopā ar savu partneri. Mēs kopā gatavosim vakariņas un pēc tam atlikušo vakara daļu vienkārši atpūtīsimies. Labi ir apzināties, ka **šovakar** man nav nekādu plānu vai pienākumu. Es ierodos mājās, un mans partneris jau ir virtuvē un sāk gatavot vakariņas. Šeit smaržo **brīnišķīgi!** Gatavojot mēs sarunājamies, pārrunājam viens otra dienas un dalāmies mazos stāstiņos no darba dzīves. Virtuve ir mana mīļākā telpa mūsu dzīvoklī. Man patīk gatavot, un īpaši patīk gatavot kopā ar partneri. Mēs vienmēr šeit labi pavadām laiku, smejamies un jokojam, kamēr gatavojam ēst. Turklāt, kad strādājam **kopā,** ēdiens vienmēr ir **lielisks**.

Šovakar mēs gatavojam vienu no manām visu laiku mīļākajām receptēm: **vistas** parmezānu. Mans partneris sāk ar vistas cepšanu, kamēr es uz **plīts** vārīšu mērci. Mēs strādājam kopā kā labi ieeļļota mašīna, un drīz vien vakariņas ir gatavas pasniegšanai. Mēs apsēžamies pie mūsu mazā virtuves galdiņa ar **šķīvjiem, kas** pilni ar parmezāna vistu, makaroniem un salātiem. Mēs noskandinām glāzes un pirmo reizi iekost, un tas ir **debešķīgi**! Vistas gaļa ir kraukšķīga no ārpuses, bet sulīga iekšpusē; mērce ir aromātiska un

Cucinare la cena

Sono le 17.00 e sto tornando a casa dal lavoro. Non vedo l'**ora** di passare una serata tranquilla a casa con il mio compagno. Cucineremo insieme la cena e poi ci rilasseremo per il resto della serata. È bello sapere che questa **sera non ho** programmi o obblighi. Arrivo a casa e il mio partner è già in cucina a preparare la cena. C'è un profumo **fantastico** qui dentro! Chiacchieriamo mentre cuciniamo, raccontandoci le nostre giornate e condividendo piccole storie della nostra vita lavorativa. La cucina è la mia stanza preferita del nostro appartamento. Adoro cucinare e soprattutto adoro farlo con il mio compagno. Ci divertiamo sempre molto qui dentro, ridendo e scherzando mentre cuciniamo. Inoltre, il cibo è sempre **incredibile** quando lavoriamo **insieme**.

Stasera prepariamo una delle mie ricette preferite di sempre: il **pollo** alla parmigiana. Il mio collega inizia a impanare il pollo, mentre io faccio cuocere la salsa sul **fuoco**. Lavoriamo insieme come una macchina ben oliata e in poco tempo la cena è pronta da servire. Ci sediamo al tavolo della nostra cucina con i **piatti** colmi di pollo alla parmigiana, pasta e insalata. Facciamo tintinnare i bicchieri e assaggiamo il primo boccone... ed è **paradisiaco**! Il pollo è croccante all'esterno ma succoso all'interno; il sugo è saporito e

perfekta; makaroni ir pagatavoti al dente... viss šovakar garšo pilnīgi perfekti. Mēs abi zinām, ka šis bija viens no tiem vakariem, kad viss vienkārši lieliski sanāca kopā, jo mēs **izbaudām** katru gardās maltītes kumosu. Tas garšoja vēl labāk, nekā smaržoja - kas bija diezgan labi! Mēs samērā ātri pabeidzam maltīti, jo neviens no mums šodien nav īpaši izsalcis, bet mēs nesteidzīgi baudām vēl dažas vīna gl**āzes,** viegli tērzējot par šo un to tēmu. Pēc vakariņām mēs kopā ātri sakopjam un tad pārceļamies uz viesistabu, kur kādu laiku pavadām, **apguļoties** uz dīvāna un skatoties televizoru.

Tā ir tik jauka sajūta, ka pēc garas **darba** dienas esam viens otra tuvumā. Es jūtos apmierināta. Lai gan vakars nebija bagāts ar notikumiem, bija patīkami vienkārši pavadīt laiku kopā, neizejot no mājas. Mēs noskatījāmies filmu un agri devāmies gulēt, jūtoties **apmierināti** ar mūsu vienkāršo vakaru. Šī ir kļuvusi par vienu no mūsu **iecienītākajām** nodarbēm vakaros, kad nevēlamies doties ārā - vienkārši atpūsties mājās un baudīt viens otra sabiedrību pie mājās gatavotas maltītes. Vienmēr ir patīkami zināt, ka varam atgriezties šeit pēc garas dienas un vienkārši būt paši ar sevi.

perfetto; la pasta è cotta al dente... tutto ha un sapore assolutamente perfetto stasera. Sappiamo entrambi che questa è stata una di quelle sere in cui tutto si è unito alla perfezione, mentre **assaporiamo** fino all'ultimo boccone il nostro delizioso pasto. Il sapore era persino migliore del profumo, che era dannatamente buono! Finiamo il pasto relativamente in fretta, visto che oggi nessuno dei due ha particolarmente fame, ma ci prendiamo tutto il tempo necessario per goderci qualche altro **bicchiere di** vino chiacchierando con leggerezza di questo e quell'argomento. Dopo cena, puliamo velocemente insieme e poi ci spostiamo in salotto, dove passiamo un po' di tempo **a coccolarci** sul divano guardando la TV.

È così bello stare vicini dopo una lunga giornata di **lavoro**. Mi sento soddisfatta. Anche se non abbiamo avuto una serata movimentata, è stato bello passare un po' di tempo insieme senza dover uscire di casa. Abbiamo guardato un film e siamo andati a letto presto, sentendoci **soddisfatti** della nostra semplice serata. Questa è diventata una delle cose che **preferiamo** fare nelle sere in cui non vogliamo uscire: rilassarci a casa e goderci la reciproca compagnia con un pasto fatto in casa. È sempre bello sapere che possiamo tornare qui dopo una lunga giornata ed essere semplicemente noi stessi.

Izpratnes jautājumi

1. No kurienes nāk stāstnieks?

2. Ko stāstītājs dara pēc darba?

3. Ko stāstītājs ēd vakariņās?

4. Kāpēc stāstniekam patīk virtuve?

5. Kādu ēdienu pāris gatavo?

6. Kā stāstītājs jūtas vakara beigās?

7. Kāda ir pāra iecienītākā nodarbe?

8. Ko pāris dara, kad ir noguris?

9. Kur viņi guļ?

10. Kāpēc stāstniekam patīk palikt mājās?

Domande di comprensione

1. Da dove viene il narratore?

2. Cosa fa il narratore dopo il lavoro?

3. Cosa mangia il narratore per cena?

4. Perché al narratore piace la cucina?

5. Che tipo di piatto cucina la coppia?

6. Come si sente il narratore alla fine della serata?

7. Qual è la cosa che la coppia preferisce fare?

8. Cosa fa la coppia quando è stanca?

9. Dove dormono?

10. Perché al narratore piace stare a casa?

Pastaiga mājās

Tas bija **mierīgs** vakars, kad es gāju mājās no darba. Ejot es nevarēju nesmaidīt, bet smaidīju atmiņās. Bija patīkami atgriezties savā vecajā rajonā. Es pamāju dažiem pazīstamiem cilvēkiem, un viņi man pamāja pretī. Bija labi būt mājās. Es gāju garām savai vecajai skolai un **atcerējos** visus labos brīžus, kas man bija kopā ar draugiem. Mēs vienmēr kopā gājām mājās un runājām par savu dienu. **Reizēm** mēs apstājāmies, lai nopirktu saldējumu vai aizietu uz parku. Tie bija labākie laiki. Man pietrūkst šo laiku. Bet tagad man ir sava ģimene, un es esmu apmierināta ar savu dzīvi. Es priecājos, ka varu atskatīties uz šīm atmiņām un smaidīt. Tās ir daļa no manas dzīves, ko es vienmēr loloju. Tie bija vislabākie laiki. Man pietrūkst šo laiku. Bet tagad man ir sava ģimene, un es esmu apmierināts ar savu dzīvi. Es priecājos, ka varu atskatīties uz šīm **atmiņām** un smaidīt. Tās ir daļa no manas dzīves, ko es vienmēr loloju.

Es turpinu iet, domājot par labajiem brīžiem, kas man bija kopā ar draugiem. Es zinu, ka drīz atkal viņus ieraudzīšu. Es dodos mājup un nolemju pastaigāties pa netālu esošo parku. Saule jau riet, un debesis iekrāsojas **skaistā** oranžā krāsā. Parks ir tukšs, izņemot

Camminare verso casa

Era una notte **tranquilla** mentre tornavo a casa dal lavoro. Mentre camminavo, non potevo fare a meno di sorridere ai ricordi. Era bello tornare nel mio vecchio quartiere. Salutai alcune persone che conoscevo e loro ricambiarono il saluto. Era bello essere a casa. Passai davanti alla mia vecchia scuola e **ricordai** tutti i bei momenti passati con i miei amici. Tornavamo sempre a casa insieme e parlavamo della nostra giornata. **A volte ci** fermavamo a prendere un gelato o andavamo al parco. Erano i momenti migliori. Mi mancano quei momenti. Ma ora ho la mia famiglia e sono felice della mia vita. Sono felice di poter guardare indietro a quei ricordi e sorridere. Sono una parte della mia vita che conserverò per sempre. Erano i tempi migliori. Mi mancano quei tempi. Ma ora ho la mia famiglia e sono felice della mia vita. Sono felice di poter guardare indietro a quei **ricordi** e sorridere. Sono una parte della mia vita che conserverò per sempre.

Continuo a camminare, pensando ai bei momenti passati con i miei amici. So che li rivedrò presto. Mi dirigo verso casa e decido di passeggiare in un parco lì vicino. Il sole sta tramontando e il cielo sta diventando di un **bel** colore arancione. Il parco è vuoto, a parte

dažus putnus, kas čivina kokos. Es dziļi **ieelpoju** un pasmaidu. Ejot cauri parkam, es redzu, kā debesīs izšaujas krītoša zvaigzne. Es izsaku šai zvaigznei vēlēšanos un turpinu iet. Es domāju par savu dienu darbā un par to, cik **mierīga** tā bija. Es smaidu sev, domājot par to, cik man ir paveicies, ka man ir tik lielisks darbs. Es eju mājās, **sajūtot** vēso nakts gaisu uz ādas. Es jūtos tik dzīva un laimīga, vienkārši izbaudot vienkāršo pastaigu mierīgā naktī.
Es jutos tik labi, ka sāku **svilpt**. Es gāju garām dažiem cilvēkiem uz ielas, bet viņi visi pievērsās savām lietām.

Es pagriezos pagriezienā uz savu ielu un ieraudzīju kaimiņu kaķi Viskera kungu, kas sēdēja uz verandas. Es viņam sasveicinājos, un viņš miauņāja pretī. Es **atbloķēju** durvis un iegāju iekšā. Es biju tik laimīga, ka esmu mājās. Es novilku kurpes un gatavojos gulēt. Tajā vakarā es gulēju, jūtoties laimīga un pateicīga, mana sirds bija pilna mīlestības. Visu nakti gulēju mierīgi, par neko neuztraucoties. Es pamodos no mierīga miega, un mani **sagaidīja** saule, kas spīdēja pa logu. Es izkāpu no gultas un izstaipījos, dziļi ieelpojot un sajūtot, kā plaušas piepilda vēss gaiss. Es piegāju pie loga un paskatījos ārā, dzirdot putnu čivināšanu un **vāveru** rotaļas. Es pasmaidīju un devos ģērbties, jūtoties laimīga un apmierināta.

qualche uccello che cinguetta tra gli alberi. Faccio un **respiro** profondo e sorrido. Mentre cammino nel parco, vedo una stella cadente che attraversa il cielo. Esprimo un desiderio su quella stella e continuo a camminare. Penso alla mia giornata di lavoro e a quanto sia stata **tranquilla**. Sorrido tra me e me, pensando a quanto sono fortunata ad avere un lavoro così bello. Cammino verso casa, **sentendo** l'aria fresca della notte sulla mia pelle. Mi sento così viva e felice, godendomi il semplice atto di tornare a casa in una notte tranquilla.
Mi sentivo così bene che iniziai a **fischiettare**. Passai accanto ad alcune persone per strada, ma tutte si facevano gli affari loro.

Svoltato l'angolo della mia strada, vidi il gatto del mio vicino, Mr. Whiskers, seduto sul mio portico. Lo salutai e lui ricambiò il miagolio. **Aprii la** porta ed entrai.
Ero così felice di essere a casa. Mi tolsi le scarpe e mi preparai per andare a letto. Quella sera andai a letto felice e grata, con il cuore pieno d'amore. Dormii profondamente per tutta la notte, senza preoccuparmi di nulla. Mi svegliai da un sonno ristoratore e fui **accolta** dal sole che entrava dalla finestra. Mi alzai dal letto e mi stiracchiai, facendo un respiro profondo e sentendo l'aria fresca riempirmi i polmoni. Mi avvicinai alla finestra e guardai fuori, sentendo gli uccelli cinguettare e gli **scoiattoli** giocare. Sorrisi e andai a vestirmi, sentendomi felice e soddisfatta.

Izpratnes jautājumi

1. Ko darīja galvenais varonis, kad stāsts sākās?

2. Par ko varonis domāja, ejot mājās?

3. Ko galvenais varonis mēdza darīt ar draugiem pēc skolas?

4. Kas varonim pietrūkst no tiem laikiem?

5. Ko galvenais varonis domā par savu pašreizējo dzīvi?

6. Ko dara galvenais varonis, ieraugot krītošu zvaigzni?

7. Kā jūtas galvenais varonis, ejot mājās?

8. Ko dara galvenais varonis, kad viņi atgriežas mājās?

9. Kā jūtas galvenais varonis, pamostoties nākamajā rītā?

10. Ko galvenais varonis dara nākamajā dienā?

Domande di comprensione

1. Cosa stava facendo il protagonista quando è iniziata la storia?

2. A cosa pensava il protagonista mentre tornava a casa?

3. Cosa faceva il protagonista con gli amici dopo la scuola?

4. Cosa manca al protagonista di quei tempi?

5. Cosa pensa il protagonista della sua vita attuale?

6. Cosa fa il protagonista quando vede una stella cadente?

7. Come si sente il protagonista quando torna a casa?

8. Cosa fa il protagonista quando torna a casa?

9. Come si sente il protagonista quando si sveglia la mattina dopo?

10. Cosa fa il protagonista il giorno dopo?

Pils

Ģimene vienmēr bija vēlējusies apmeklēt kādu vecu pili **Vācijā,** un beidzot viņi devās ceļojumā. Viņi nebija **vīlušies**. Pils bija skaista, un viņiem patika izpētīt tās daudzās telpas un gaiteņus. Pirmais, kas viņus pārsteidza, bija smarža. Viņi atklāja **pelējumu**, mitrumu un vēl kaut ko tādu, ko viņi nevarēja precīzi noteikt. Otra lieta bija skaņa. Akmens sienas ir biezas, taču tās pilnībā nenomāca skaņu. Viņi dzirdēja katru kājas soli, katru normālā balsī izrunātu vārdu un reizēm arī ūdens pilēšanu **kaut kur** tālumā. Kad acis pielāgojās vājajai gaismai, viņi ieraudzīja, ka visapkārt paceļas masīvas akmens sienas, no kurām **saplēstās** drēbēs karājas gobelēni. Viņi stāvēja milzīgā zālē ar augstiem griestiem, ko balstīja cirsti pīlāri. Viņiem patika arī skats no tornīšiem, un bērni lieliski pavadīja laiku, skrienot pa teritoriju. Kad viņi pabeidza pils apskati, **saule jau** bija sākusi rietēt, un viņi nožēloja, ka nebija paņēmuši līdzi **lukturīti**. Viņi nolēma doties atpakaļ pie ieejas, bet drīz vien apmaldījās. Viņiem šķita, ka viņi klīst apkārt stundām ilgi, līdz beidzot viņi nonāca pie durvīm, kas veda ārā. Viņi turpināja ceļu, līdz **nonāca** halles galā un nonāca pie iespaidīgām dubultdurvīm. Lai arī kā viņi centās, durvis neaizvērās. Tās **draudīgi grabēja,** bet nekustējās ne par collu. Izskatījās, ka tas, kas šeit bija pirms tam, droši vien bija izgājis cauri un aizslēdzis

Il castello

La famiglia aveva sempre desiderato visitare un antico castello in **Germania** e finalmente ha intrapreso il viaggio. Non sono rimasti **delusi**. Il castello era bellissimo e si sono divertiti a esplorare le sue stanze e i suoi corridoi. La prima cosa che li colpì fu l'odore. Trovarono **muffa**, umidità e qualcos'altro che non riuscirono a definire con precisione. La seconda cosa è stata il suono. I muri di pietra sono spessi, ma non attutiscono completamente il suono. Sentirono ogni passo, ogni parola pronunciata con voce normale e l'occasionale gocciolio dell'acqua **da qualche parte** in lontananza. Quando i loro occhi si adattarono alla luce fioca, videro le massicce mura di pietra che incombevano intorno a loro, con gli arazzi appesi a **brandelli**. Si trovavano in un'enorme sala con un alto soffitto sostenuto da pilastri scolpiti. Anche a loro piaceva molto la vista che si godeva dalle torrette e i bambini si divertivano un mondo a correre per il parco. Quando finirono di esplorare il castello, il **sole** era già tramontato e si pentirono di non aver portato una **torcia**. Decisero di tornare all'ingresso, ma si persero subito. Vagarono per ore e ore, finché alla fine trovarono una porta che conduceva all'esterno. Proseguirono fino **alla** fine del corridoio e si trovarono davanti a un'imponente serie di doppie porte. Per

tās no iekšpuses. Galu galā viņi atrada izeju. Viņus pārņēma atvieglojums, kad viņi izgāja vēsajā nakts gaisā.

Saule bija sākusi rietēt, un viņi **nožēloja, ka** nebija paņēmuši līdzi lukturīti. Viņi nolēma atgriezties pie ieejas, taču drīz vien apmaldījās. Viņiem šķita, ka viņi klīst apkārt stundām ilgi, līdz beidzot viņi nonāca pie durvīm, kas veda **ārā**. Viņus pārņēma atvieglojums, kad viņi izgāja vēsajā nakts gaisā. Nākamajā vakarā viņi pārliecinājās, ka, pētot pārējo pili, līdzi paņemts lukturītis. Viņi gāja cauri **pagalmam** un lejup līdz upei, kas tecēja aiz **pils** mūriem. Staigājot apkārt, viņi sāka dzirdēt dīvainus trokšņus. Izklausījās tā, it kā kāds viņiem sekotu. Viņi paātrināja soli, bet trokšņi kļuva arvien skaļāki un tuvāki. Ģimene skrēja atpakaļ uz pili, cik ātri vien spēja, un viņi ar atvieglojumu konstatēja, ka tēls **tumšajā apmetnī** viņiem nav sekojis.

quanto potessero, le porte non si muovevano. Scricchiolano **minacciosamente**, ma non si muovono di un millimetro. Sembrava che chiunque fosse stato qui prima dovesse essere passato di qui e averle chiuse dall'interno. Alla fine trovano una via d'uscita. Il sollievo li invade mentre escono nell'aria fresca della notte.

Il sole aveva iniziato a tramontare e si **pentirono di non aver** portato una torcia elettrica. Decisero di tornare all'ingresso, ma presto si persero. Vagarono per ore e ore, finché alla fine trovarono una porta che conduceva all**'esterno**. Il sollievo li colse quando uscirono nell'aria fresca della notte. La sera successiva si assicurarono di portare con sé una torcia per esplorare il resto del castello. Attraversarono il **cortile** e scesero fino al fiume che scorreva dietro le mura del **castello**. Mentre camminavano, cominciarono a sentire strani rumori. Sembrava che qualcuno li stesse seguendo. Accelerarono il passo, ma i rumori diventavano sempre più forti e vicini. La famiglia tornò al castello il più velocemente possibile e si accorse con sollievo che la figura con il mantello **scuro** non li aveva seguiti.

Izpratnes jautājumi

1. Ko ģimene darīja, kad viņi pazuda pilī?

2. Kā jutās ģimene, kad uzzināja, ka tas bija tikai vietējais cilvēks?

3. Ko vīrietis izdarīja, par ko viņu arestēja?

4. Kāds sods tika piespriests šim vīrietim?

5. Kādu troksni ģimene dzirdēja pastaigas laikā?

6. Kur bija tēls tumšajā apmetnī, kad ģimene viņu ieraudzīja?

7. Ko ģimene darīja, kad atgriezās savā istabā?

8. Kad ģimene atkal devās izpētīt pili?

9. Kas bija tas, ko ģimene nevarēja noskaidrot?

10. Ko ģimene darīja, pirms atkal devās izpētīt pili?

Domande di comprensione

1. Cosa fece la famiglia quando si perse nel castello?

2. Come si è sentita la famiglia quando ha scoperto che si trattava solo di un uomo del posto?

3. Che cosa ha fatto l'uomo che lo ha fatto arrestare?

4. Qual è stata la sentenza per l'uomo?

5. Quale rumore ha sentito la famiglia mentre camminava?

6. Dov'era la figura con il mantello scuro quando la famiglia lo vide?

7. Che cosa ha fatto la famiglia quando è tornata nella sua stanza?

8. Quando la famiglia è tornata a esplorare il castello?

9. Qual era la cosa che la famiglia non riusciva a capire?

10. Cosa fece la famiglia prima di tornare a esplorare il castello?

Mans dārzs

Mans dārzs ir mana laimes vieta. Es katru dienu, neatkarīgi no tā, vai līst vai spīd, dodos uz to un pavadu laiku, kopjot savus augus. Man ir no **visa pa druskai - dārzeņi**, augļi, ziedi, garšaugi. Man ir pat dažas vistas, kas palīdz ierobežot kaitēkļus. Savas dienas dārzā es sāku ar vistu olu vākšanu. Tad pārbaudu, vai dārzeņi saņem pietiekami daudz ūdens un saules. Es ravēju nezāles un izravēju visus kukaiņus, kas varētu **uzbrukt** augiem. Kad **viss ir sakopts,** es apsēžos un izbaudu dabas mieru un klusumu.

Man vienmēr ir paticis pavadīt laiku dārzā. Ir kaut kas tāds, kā būt dabas ieskautai un izbaudīt visu tās piedāvāto **skaistumu.** Man tā ir ļoti mierīga un nomierinoša vieta. Es bieži pavadu laiku savā dārzā, vienkārši atpūšoties un baudot ainavu. Man patīk arī strādāt savā dārzā un audzēt dažādas lietas. Man ir diezgan liels dārzs, un man patīk tajā audzēt **dažādas** lietas. Es audzēju puķes, **dārzeņus** un garšaugus. Man ir arī daži augļu koki, kas ražo gardus ābolus, bumbierus un plūmes. Papildus audzēšanai man patīk arī pavadīt laiku, vienkārši pastaigājoties pa dārzu un **apbrīnojot** dažādos augus un dzīvniekus, kas tajā dzīvo. Gadu gaitā esmu pavadījusi daudzas stundas, strādājot pie tā, lai mans **dārzs** kļūtu ne tikai skaists,

Il mio giardino

Il mio giardino è il mio luogo felice. Esco ogni giorno, con la pioggia o con il sole, e passo il tempo a curare le mie piante. Ho un po' di **tutto: verdure**, frutta, fiori, erbe aromatiche. Ho anche alcune galline che mi aiutano a tenere lontani i parassiti. Inizio le mie giornate in giardino raccogliendo le uova dalle galline. Poi controllo le verdure, assicurandomi che ricevano acqua e sole a sufficienza. Diserbo le aiuole e rimuovo gli insetti che potrebbero **attaccare** le piante. Una volta sistemato **tutto**, mi siedo e mi godo la pace e la tranquillità della natura.

Ho sempre amato trascorrere del tempo nel mio giardino. C'è qualcosa nell'essere circondati dalla natura e da tutta la **bellezza che** ha da offrire. Trovo che sia un luogo molto tranquillo e rilassante. Spesso trascorro il tempo nel mio giardino rilassandomi e godendomi il paesaggio. Mi piace anche lavorare nel mio giardino e coltivare. Ho un giardino di buone dimensioni e mi piace coltivare **diverse** cose. Coltivo fiori, **verdure** ed erbe aromatiche. Ho anche alcuni alberi da frutto che producono mele, pere e prugne deliziose. Oltre a coltivare, mi piace anche passare il tempo passeggiando nel mio giardino, **ammirando** tutte le piante e gli animali che lo abitano. Negli anni

bet arī funkcionāls. Man patīk vērot, kā putni lido apkārt, un klausīties, kā tie dzied. Dažreiz es pat paņemu līdzi grāmatu un lasu dārzā, kamēr mani ieskauj viss manis radītais skaistums. **Dārzkopība** ir mana kaislība, un tā man sagādā tik daudz prieka. Katra diena manā dārzā ir laba diena.

Viena no lietām, ko es mīlu darīt, ir gatavot, tāpēc man ir ļoti **svarīgi, lai** man būtu labs garšaugu dārzs. Timiāns, baziliks, raudene, rozmarīns, salvija un lavanda ir tikai daži no garšaugiem, kurus man patīk audzēt savā dārzā, lai es tos varētu izmantot, gatavojot ēdienus sev vai **viesiem**. Vēl viena lieta, kas man ir svarīga dārzā, ir rūpēties par to, lai tajā būtu daudz krāsu. Lai sasniegtu šo mērķi, es audzēju visdažādākās puķes, tostarp **rozes,** lilijas, margrietiņas, tulpes, impatiens, kliņģerītes utt. Papildus krāsām, ko piešķir ziedi, man patīk dārzam piešķirt arī interesi, izmantojot dažādas **faktūras. Piemēram,** zem augstām saulespuķēm es varu iestādīt papardes vai hostas **blakus** asiem dekoratīvajiem zālaugiem. Neatkarīgi no tā, kas vēl notiek dzīvē, darbs dārzā vienmēr palīdz man justies vairāk saistītai ar dabu un mierā ar sevi.

ho trascorso molte ore a lavorare per rendere il mio **giardino** un luogo non solo bello ma anche funzionale. Mi piace osservare gli uccelli che svolazzano in giro e ascoltarli cantare. A volte tiro fuori un libro e leggo in giardino, circondata da tutta la bellezza che ho creato. Il **giardinaggio** è la mia passione e mi porta tanta gioia. Ogni giorno nel mio giardino è un buon giorno.

Una delle cose che amo fare è cucinare, quindi avere un giardino di erbe aromatiche ben fornito è molto **importante** per me. Timo, basilico, origano, rosmarino, salvia e lavanda sono solo alcune delle erbe che mi piace coltivare nel mio giardino per poterle usare quando cucino per me o per gli **ospiti**. Un'altra cosa importante per me quando si tratta del mio giardino è assicurarmi che ci sia molto colore in tutto il giardino. Per raggiungere questo obiettivo, coltivo una grande varietà di fiori, tra cui **rose**, gigli, margherite, tulipani, impatiens, calendule, ecc. Oltre ad aggiungere colore con i fiori, mi piace anche aggiungere interesse utilizzando diverse **texture** in tutto il giardino. Per esempio, potrei piantare felci sotto imponenti girasoli o hosta **accanto a** spigolose erbe ornamentali. Indipendentemente da ciò che accade nella vita, lavorare nel mio giardino **riesce** sempre a farmi sentire più connessa con la natura e in pace con me stessa.

Izpratnes jautājumi

1. Kur ir autora dārzs?

2. Cik vistu ir autoram?

3. Ko autors katru dienu dara dārzā?

4. Kāpēc autoram patīk dārzs?

5. Kādus garšaugus autors stāda dārzā?

6. Kāpēc autoram ir svarīgi, ka viņa dārzā ir daudz krāsu?

7. Kā autors dažādo savu dārzu?

8. Kā autors jūtas, strādājot savā dārzā?

9. Kas liek autoram justies saistītam, kad viņš ir savā dārzā?

10. kāpēc katra diena autora dārzā ir laba diena?

Domande di comprensione

1. Dove si trova il giardino dell'autore?

2. Quanti polli ha l'autore?

3. Che cosa fa l'autore in giardino ogni giorno?

4. Perché all'autore piace il giardino?

5. Quali sono le erbe che l'autore pianta nel giardino?

6. Perché è importante per l'autore che ci siano molti colori nel suo giardino?

7. Come fa l'autore a dare varietà al suo giardino?

8. Come si sente l'autore quando lavora nel suo giardino?

9. Cosa fa sentire l'autore in sintonia quando è nel suo giardino?

10. Perché ogni giorno nel giardino dell'autore è un buon giorno?

Iepirkšanās

Man patīk **iepirkties tirdzniecības** centrā. Vienmēr ir tik jautri staigāt apkārt un apskatīt visus dažādos veikalus. Tirdzniecības centrā ikviens var atrast kaut ko sev, un tur vienmēr var atrast izdevīgus apģērbu, apavu un aksesuāru piedāvājumus. Es **parasti** savu iepirkšanās ceļojumu sāku, ejot cauri tirdzniecības centra galvenajai **ieejai.** No turienes es vispirms dodos uz saviem iecienītākajiem veikaliem. Pēc šo veikalu apskates es pastaigājos apkārt un noskaidroju, vai citās vietās nenotiek izpārdošanas. Parasti es tirdzniecības centrā pavadu pāris stundas, pirms beidzot veicu pirkumus. Iepērkoties man vienmēr patīk nesteigties, **jo** vēlos būt pārliecināta, ka iegādājos **tieši** to, ko vēlos. Turklāt tā ir daudz jautrāk!

Man vienmēr šķiet **aizraujoši** vērot cilvēkus, kad esmu tirdzniecības centrā. Pēc tā, kā cilvēks iepērkas, var daudz ko pateikt par cilvēku. Daži cilvēki ir ļoti metodiski un nesteidzas, bet citi, šķiet, vienkārši paķer **visu, ko vien** var, un dodas pie kases pēc iespējas ātrāk. Ir arī tādi pircēji, kuri, šķiet, ir vairāk ieinteresēti runāt pa mobilo tālruni vai rakstīt īsziņas, nevis aplūkot preces! Tomēr neatkarīgi no tā, kāds pircējs jūs esat, ikvienam šķiet, ka patīk iepirkties veikalos - pat ja jūs patiesībā neko nepērkat. Ir kaut kas tāds, kas mani dara laimīgu,

Fare shopping

Mi piace andare **a fare shopping al** centro commerciale. È sempre molto divertente passeggiare e guardare tutti i diversi negozi. Al centro commerciale ce n'è per tutti i gusti ed è sempre un ottimo posto per trovare offerte su vestiti, scarpe e accessori. **Di solito** inizio il mio shopping attraversando l'**ingresso** principale del centro commerciale. Da lì, mi dirigo prima verso i miei negozi preferiti. Dopo aver dato un'occhiata a quei negozi, vado in giro a vedere se ci sono saldi in corso in altri posti. Di solito trascorro un paio d'ore nel centro commerciale prima di fare i miei acquisti. Mi piace sempre prendermi il tempo necessario per fare shopping**, perché** voglio essere sicura di acquistare **esattamente** ciò che voglio. In più, così è più divertente!

Trovo sempre molto **affascinante** osservare le persone mentre sono al centro commerciale. Si può capire molto di una persona dal modo in cui fa acquisti. Alcune persone sono molto metodiche e si prendono il loro tempo, mentre altre sembrano prendere **tutto quello che** possono e dirigersi alla cassa il più velocemente possibile. Ci sono anche quelli che sembrano più interessati a parlare al cellulare o a mandare messaggi piuttosto che guardare la merce! A prescindere dal tipo

skatoties uz visām skaistajām lietām veikalu **skatlogos.** Dažreiz es fantazēju par to, kā būtu, ja es varētu atļauties **visu, ko** redzu! Kopumā iepirkšanās dienas pavadīšana tirdzniecības centrā ir viena no manām mīļākajām izklaidēm. Tas ir lielisks veids, kā atpūsties un relaksēties, vienlaikus arī nedaudz izkustēties (ja pietiekami daudz staigājat). Turklāt **vienmēr ir** patīkami laiku pa laikam sevi palutināt ar jaunu kreklu vai kurpju pāri!

Man bija **gara** darba diena, un beidzot man bija brīvs laiks, tāpēc nolēmu doties iepirkties uz tirdzniecības centru. Man vajadzēja jaunas drēbes **gaidāmajai** sezonai. Tiklīdz iegāju iekšā, ieraudzīju visas spožās gaismas un spīdošās veikalu vitrīnas. Vispirms devos uz savu iecienītāko veikalu un sāku pārlūkot plauktus. Atradu dažus jaukus topus un pielaikoju tos ģērbtuvē. Skatoties uz sevi spogulī, es dzirdēju, ka kāds ienāk ģērbtuvē, kas atradās blakus manai. Es atpazinu, ka viņa balss ir viena no manām kolēģēm. Mēs sasveicinājāmies un sākām tērzēt par darbu. Pēc dažām minūtēm mēs abas pabeidzām darbu un devāmies **katrs savu** ceļu, bet vēlāk atkal satikāmies. Mēs turpinājām tērzēt un sapratām, ka mums ir vairāk kopīga, nekā domājām.

di acquirente, però, sembra che a tutti piaccia guardare le vetrine, anche se non si compra nulla. C'è qualcosa che mi rende felice nel guardare tutte le belle cose nelle **vetrine** dei negozi. A volte fantastico su come sarebbe se potessi permettermi **tutto quello che** vedo! Tutto sommato, trascorrere una giornata di shopping al centro commerciale è uno dei miei passatempi preferiti. È un ottimo modo per rilassarsi e distendersi, facendo anche un po' di esercizio fisico (se si cammina abbastanza). Inoltre, è **sempre** bello concedersi una camicia o un paio di scarpe nuove ogni tanto!

Ho avuto una **lunga** giornata di lavoro e finalmente avevo un po' di tempo per me, così ho deciso di andare a fare shopping al centro commerciale. Mi servivano dei vestiti nuovi per la **prossima** stagione. Appena sono entrata, ho visto tutte le luci e le vetrine scintillanti. Mi sono diretta prima al mio negozio preferito e ho iniziato a sfogliare gli scaffali. Ho trovato alcuni top carini e li ho provati nel camerino. Mentre mi guardavo allo specchio, sentii qualcuno entrare nel **camerino** accanto al mio. Ho riconosciuto la sua voce come quella di una mia collega. Ci siamo salutati e abbiamo iniziato a chiacchierare di lavoro. Dopo qualche minuto, entrambi abbiamo finito e siamo andati per la **nostra** strada, ma ci siamo incontrati di nuovo più tardi. Abbiamo continuato a chiacchierare e ci siamo resi conto di avere in comune più di quanto pensassimo.

Izpratnes jautājumi

1. Kur jums visvairāk patīk uzglabāt?

2. Kāds ir jūsu iecienītākais veikals tirdzniecības centrā?

3. Cik ilgi jūs parasti uzturaties tirdzniecības centrā?

4. Ko jūs domājat par cilvēkiem, kuri daudz laika pavada tirdzniecības centrā?

5. Kāda ir jūsu iecienītākā nodarbe tirdzniecības centrā?

6. Vai esat kādreiz iegādājies kaut ko tirdzniecības centrā, lai gan tas jums īsti nebija vajadzīgs?

7. Kā jūs reaģējat, kad tirdzniecības centrā ieraugāt kaut ko tādu, kas jums ļoti patiktu, bet ir pārāk dārgs?

8. Vai esat kādreiz redzējuši kaut ko tirdzniecības centrā un domājuši, kas to nopirks?

9. Kāds ir jūsu viedoklis par cilvēkiem, kuri tirdzniecības centrā ir aizņemti ar mobilo tālruni, nevis apskata veikalus?

Domande di comprensione

1. Dove vi piace di più conservare?

2. Qual è il vostro negozio preferito nel centro commerciale?

3. Quanto tempo si ferma di solito al centro commerciale?

4. Cosa pensa delle persone che trascorrono molto tempo al centro commerciale?

5. Qual è la cosa che preferite fare al centro commerciale?

6. Avete mai comprato qualcosa al centro commerciale quando non ne avevate davvero bisogno?

7. Come reagite quando al centro commerciale vedete qualcosa che vi piacerebbe molto, ma che costa troppo?

8. Avete mai visto qualcosa al centro commerciale e vi siete chiesti chi lo avrebbe comprato?

9. Qual è la sua opinione sulle persone che al centro commerciale sono impegnate con il cellulare invece di guardare i negozi?

Tirgū

Sestdienas rītā es pamostos agri no rīta, lai nokļūtu **tirgū,** pirms tas ir pārāk pārpildīts. Uzvelku drēbes un dodos ārā, pa ceļam paķerot savus vairākkārt lietojamos maisiņus. Ejot es sāku plānot, ko vēlos pagatavot nākamajai nedēļai. Zinu, ka vismaz vienu reizi gribu **cept** dārzeņus, tāpēc man būs jāiegādājas kvalitatīvi dārzeņi. Gribu pagatavot arī zupu vai sautējumu, tāpēc man vajadzēs iegādāties arī gaļu. Kad tur ieradīšos, man būs jāskatās, kas izskatās labs. Tirgus atrodas tikai dažu kvartālu attālumā, un es jau redzu izvietotos stendus un **ļaudis, kas** rosās apkārt.

Es ierodos tirgū un dodos uzreiz pie dārzeņu stenda. Izvēle ir skaista, un es piepildu savus maisiņus ar dažādiem **svaigiem** produktiem. Nedaudz aprunājos ar zemnieku, un viņš man iesaka dažas receptes. Es ar prieku tās izmēģinu. Iepērkoties es sarunājos ar **lauksaimniekiem, iepazīstot** viņus un viņu produktus. Pēc tam, kad esmu iegādājies visus man vajadzīgos dārzeņus, es dodos uz gaļas nodaļu. Šeit es esmu nedaudz svārstīgāks, jo neesmu pārliecināts, ko vēlos iegādāties. Galu galā izlemju izvēlēties vistas gaļu, jo tā ir universāla un to var izmantot dažādos ēdienos. Es arī pērku dažus dažādus gaļas gabalus, pārliecinoties, ka iegādājos ar zāli barotu liellopu gaļu un brīvās

Al mercato

Mi sveglio presto il sabato mattina, desiderosa di andare al **mercato** prima che sia troppo affollato. Mi infilo i vestiti e mi avvio verso la porta, prendendo le mie borse riutilizzabili. Mentre cammino, inizio a pianificare quello che voglio fare per la settimana a venire. So che voglio **arrostire le** verdure almeno una volta, quindi dovrò comprare delle verdure di buona qualità. Voglio anche fare una zuppa o uno stufato, quindi dovrò comprare anche della carne. Dovrò vedere cosa c'è di buono quando arriverò lì. Il mercato è a pochi isolati di distanza e vedo già le bancarelle allestite e la **gente** che vi si aggira.

Arrivo al mercato e mi dirigo subito verso il banco delle verdure. La scelta è bellissima e riempio le mie borse con una grande varietà di prodotti **freschi**. Parlo un po' con il contadino e mi consiglia alcune ricette. Non vedo l'ora di provarle. Mentre faccio la spesa, chiacchiero con i **contadini** per conoscere meglio loro e i loro prodotti. Dopo aver preso tutte le verdure che mi servono, passo al reparto carne. Qui sono un po' più titubante, perché non sono sicuro di quello che voglio prendere. Alla fine scelgo il pollo, perché è versatile e può essere utilizzato in diversi piatti. Compro anche alcuni tagli di carne diversi, assicurandomi di prendere

turēšanas apstākļos audzētu **vistas gaļu**. Miesnieks bija draudzīgs cilvēks, vienmēr jautrs, neskatoties uz garajām darba stundām. Viņš iesaiņoja manas vistas krūtiņas un steiku, pirms aprunājās ar mani par saviem nedēļas nogales plāniem. Es atvadījos no viņa un turpināju ceļu. Es paņēmu arī dažas olas un sieru no piena produktu nodaļas.

Tirgū rosījās ļaužu pūļi, kuri visi vēlējās iegādāties svaigu produkciju un gaļu, kas tika piedāvāta. Gaisā bija jūtama ķiploku un sīpolu smarža, un gaisā skanēja smiekli un sarunas. Es virzījos cauri pūlim, izvēloties pārējās preces, kas man bija vajadzīgas iknedēļas iepirkumam. Es piepildīju savu **grozu ar** augļiem un dārzeņiem, makaroniem un maizi, pirms devos pie kases. Rinda bija gara, bet tā ātri virzījās uz priekšu. Beidzot bija nopirkti pēdējie **pārtikas produkti,** un bija laiks doties mājās. Automašīna bija piekrauta, un ceļš uz mājām bija garš un garlaicīgs. Satiksme bija intensīva, un karstums bija nomācošs. Beidzot mašīna iebrauca piebraucamajā ceļā, un atvieglojums bija jūtams. Mājā bija vēss un kluss, un pēc tirgus burzmas un burzmas tā bija kā patvērums. Viss tika novākts, un drīz vien mājā atkal valdīja ierastais miers un klusums. Man bija viss nepieciešamais, lai pagatavotu **garšīgus** ēdienus sev un savai ģimenei. Bija patīkami būt mājās.

carne di manzo nutrita con erba e **pollo** allevato all'aperto. Il macellaio era un uomo cordiale, sempre allegro nonostante le lunghe ore di lavoro. Mi ha incartato i petti di pollo e la bistecca prima di parlarmi dei suoi programmi per il fine settimana. Lo salutai e proseguii per la mia strada. Ho preso anche delle uova e del formaggio dal reparto latticini.

Il mercato era pieno di gente, tutti desiderosi di mettere le **mani sui** prodotti freschi e sulla carne che venivano offerti. Nell'aria si sentiva l'odore dell'aglio e delle cipolle, e il suono delle risate e delle conversazioni riempiva l'aria. Mi feci strada tra la folla, scegliendo gli altri articoli necessari per la mia spesa settimanale. Riempii il mio **cestino** di frutta e verdura, pasta e pane, prima di dirigermi alla cassa. La fila era lunga, ma si snodava rapidamente. Finalmente gli ultimi acquisti furono fatti ed era ora di tornare a casa. L'auto fu caricata e il viaggio verso casa fu lungo e noioso. Il traffico era intenso e il caldo opprimente. Alla fine l'auto entrò nel vialetto e il sollievo fu palpabile. La casa era fresca e silenziosa ed era un rifugio dopo il **trambusto** del mercato. Tutto fu messo a posto e la casa tornò presto alla sua solita pace e tranquillità. Avevo tutto il necessario per preparare dei piatti **deliziosi** per me e per la mia famiglia. Era bello essere a casa.

Izpratnes jautājumi

1. Kur persona dodas?

2. Ko persona vēlas iegādāties?

3. Cik daudz somu personai ir?

4. Cik tālu ir tirgus?

5. Ko šī persona dara tieši tagad?

6. Kas viss ir tirgū?

7. Cik daudz cilvēku ir tirgū?

8. Cik ilgā laikā persona visu nopirka?

9. Kā persona devās mājās?

10. Ko persona darīja, kad atgriezās mājās?

Domande di comprensione

1. Dove sta andando la persona?

2. Cosa vuole comprare la persona?

3. Quante borse ha la persona?

4. Quanto è lontano il mercato?

5. Cosa sta facendo la persona in questo momento?

6. Che cos'è il mercato?

7. Quante persone ci sono nel mercato?

8. Quanto tempo ha impiegato la persona a comprare tutto?

9. Come è tornata a casa la persona?

10. Cosa ha fatto la persona quando è tornata a casa?

Kafejnīcā

Bija vēss **rudens** rīts, un es biju norunājusi tikšanos ar draudzeni Liliju mūsu iecienītajā kafejnīcā, lai iedzertu kafiju. Silti ietinoties mēteļos un šallē, es devos ceļā. No kokiem krita lapas, un gaiss bija iesnas, taču spīdēja saule, un diena solījās būt skaista. Ejot es **domāju par to**, cik labi, ka man ir tāda draudzene kā Lilija. Mēs bijām draudzenes jau gadiem ilgi, kopš iepazināmies **universitātē**. Mūs saistīja mīlestība uz kafiju un laika pavadīšana, tērējot laiku kafejnīcās. Lai gan tagad dzīvojām dažādās pilsētas daļās, mums joprojām izdevās reizi nedēļā tikties uz kafiju. Es ierados kafejnīcā, un Lilija jau tur mani gaidīja. Mēs apskāvāmies, sasveicinājāmies un pasūtījām kafiju. Mēs atradām galdiņu pie loga un iekārtojāmies, lai aprunātos. **Kafija** kā vienmēr bija garšīga, un bija tik patīkami satikt Liliju. Mēs runājām par savu nedēļu, darbu un nākotnes plāniem. Ar Liliju vienmēr bija tik viegli sarunāties, un es jutos tā, it kā es viņai varētu pastāstīt jebko. Pēc brīža mēs sākām izsalkt un **nolēmām** pasūtīt kādu ēdienu.

Mēs **pasūtījām** ēdienu un atradām vietu pie loga. Caur logu spīdēja saule, kas visu padarīja siltu un priecīgu. Ēdot ēdienu, mēs sarunājāmies, izbaudot vienkāršu prieku, ko sagādā atrašanās viens otra **sabiedrībā**.

In un caffè

Era una fredda mattina **d'autunno** e avevo fissato un appuntamento con la mia amica Lily al nostro bar preferito per un caffè. Mi avvolsi al caldo nel cappotto e nella sciarpa e mi avviai. Le foglie cadevano dagli alberi e l'aria era pungente, ma il sole splendeva e prometteva di essere una bella giornata. Mentre camminavo, **pensavo** a quanto fosse bello avere un'amica come Lily. Eravamo amiche da anni, da quando ci eravamo conosciute all'**università**. Avevamo legato per il nostro amore per il caffè e per il tempo trascorso a chiacchierare nei bar. Anche se ora vivevamo in zone diverse della città, riuscivamo comunque a vederci per un caffè una volta alla settimana. Arrivai al caffè e Lily era già lì ad aspettarmi. Ci salutammo con un abbraccio e poi ordinammo i nostri caffè. Trovammo un tavolo vicino alla finestra e ci sedemmo a chiacchierare. Il **caffè** era delizioso, come sempre, ed è stato così bello recuperare il tempo perduto con Lily. Parlammo della nostra settimana, dei nostri lavori e dei nostri progetti per il futuro. Era sempre così facile parlare con Lily e mi sembrava di poterle dire tutto. Dopo un po' cominciammo ad avere fame e **decidemmo** di ordinare qualcosa da mangiare.

Ordinammo il cibo e trovammo posto vicino alla

Kafejnīca bija aizņemta, taču nelikās pārpildīta. Gaisā valdīja miera un apmierinātības sajūta. Kad ēdiens bija gatavs, mēs vēl kādu brīdi pasēdējām, vienkārši baudot mierīgo **atmosfēru**. Kādu brīdi mēs runājām par dažādām lietām, kas bija notikušas mūsu dzīvē. Bija tik patīkami satikt savu draugu un vienkārši **atpūsties**. Saule spīdēja pa logu, un šķita, ka **nekas nevar** sabojāt mūsu lielisko dienu.

Pēkšņi es izdzirdēju skaļu triecienu. Es pagriezos un ieraudzīju, ka kāds vīrietis bija izkritis caur griestiem un gulēja uz grīdas mūsu priekšā. Viņš bija **klāts ar** putekļiem un atlūzām un, šķiet, bija bezsamaņā. Es un mans draugs bijām šokā, skatoties uz vīrieti, kas gulēja uz grīdas. Mēs nezinājām, ko darīt un kam zvanīt pēc palīdzības. Mēs vienkārši sēdējām un skatījāmies uz viņu, nezinādami, ko darīt. Pēc dažām minūtēm es apstājos un piezvanīju policijai. Operatore man teica, ka drīz kāds ieradīsies. Es nokārtoju klausuli un pastāstīju savam draugam, ko teica **operators.** Mēs abi vienkārši sēdējām un gaidījām, kad ieradīsies palīdzība. Šķita, ka tā ir mūžība, bet beidzot **parādījās** ātrā palīdzība. Ātrās palīdzības mediķi steidzās iekšā un sāka strādāt ar vīrieti. Viņi ātri konstatēja, ka vīrietis ir ievainots un viņu nepieciešams nogādāt **slimnīcā**.

finestra. Il sole entrava dalla finestra, rendendo tutto più caldo e felice. Chiacchierammo mentre mangiavamo, godendoci il semplice piacere di stare in **compagnia**. Il caffè era affollato, ma non sembrava affollato. C'era una sensazione di pace e soddisfazione nell'aria. Finito il cibo, ci sedemmo ancora per un po', godendoci l'**atmosfera** tranquilla. Abbiamo parlato per un po' di cose diverse che stavano accadendo nelle nostre vite. È stato così bello recuperare il tempo perduto con la mia amica e **rilassarsi**. Il sole splendeva attraverso la finestra e sembrava che **nulla** potesse rovinare la nostra giornata perfetta.

All'improvviso sentii un forte schianto. Mi girai e vidi che un uomo era caduto dal soffitto e giaceva sul pavimento di fronte a noi. Era **coperto** di polvere e detriti e sembrava privo di sensi. Io e il mio amico eravamo entrambi sotto shock mentre fissavamo l'uomo steso sul pavimento. Non sapevamo cosa fare o chi chiamare aiuto. Rimanemmo lì a fissarlo, senza sapere cosa fare. Dopo qualche minuto mi sono ripreso e ho chiamato il 911. L'operatore mi disse che qualcuno sarebbe arrivato presto. Riattaccai il telefono e raccontai al mio amico quello che mi aveva detto l'**operatore**. Rimanemmo entrambe sedute ad aspettare l'arrivo dei soccorsi. Sembrava un'eternità, ma alla fine **arrivò** un'ambulanza. I paramedici si precipitarono e iniziarono a lavorare sull'uomo. Hanno subito stabilito che era ferito e che doveva essere portato in **ospedale**.

Izpratnes jautājumi

1. No kurienes rodas cilvēks, kas izkrīt caur jumtu?

2. Kāpēc sieviete ar savu draugu atrodas kafejnīcā?

3. Kāda ir abu draugu iecienītākā kafejnīca?

4. Cik ilgi abi draugi viens otru pazīst?

5. Kāds ir abu draugu mīļākais dzēriens?

6. Kurā pilsētā dzīvo abi draugi?

7. Cik bieži abi draugi tiekas?

8. Par ko abi draugi sarunājas, kad pirmo reizi satiekas savā iecienītajā kafejnīcā?

9. Kāds ir abu draugu mīļākais ēdiens?

10. Kāpēc ir tik viegli runāt ar Liliju?

Domande di comprensione

1. Da dove viene l'uomo che cade dal tetto?

2. Perché la donna è con la sua amica nel caffè?

3. Qual è il caffè preferito dai due amici?

4. Da quanto tempo i due amici si conoscono?

5. Qual è la bevanda preferita dai due amici?

6. In quale città vivono i due amici?

7. Quanto spesso si incontrano i due amici?

8. Di cosa parlano i due amici quando si incontrano per la prima volta nel loro caffè preferito?

9. Qual è il cibo preferito dai due amici?

10. Perché è così facile parlare con Lily?

Peldēšana

Baseins vienmēr bija **atsvaidzinoša** vieta, un šodien nebija citādi. Saule spīdēja, un ūdens izskatījās pievilcīgs. Es dziļi ievilku elpu un ieniru, sajūtot vēso ūdens apskāvienu. Kādu brīdi peldēju apļus, izbaudot vingrinājumu un iespēju izvēdināt galvu. Pēc brīža izkāpu no ūdens un nosusinājos, tad apsēdos uz dvieļa, lai atpūstos saulē. Es aizvēru acis un ļāvos, lai mani pārņem **siltums,** sajutu, kā muskuļi sāk atslābināties. Pēkšņi izdzirdēju šļakatas un atvēru acis, lai ieraudzītu savu mazo māsu, kas **airēja** seklumā. Es pasmaidīju un kādu brīdi vēroju viņu, tad piecēlos un piegāju pie viņas. Mēs mazliet parunājāmies un airējām kopā, izbaudot viens otra kompāniju. Drīz mums pievienojās arī vecāki, un mēs pavadījām atlikušo pēcpusdienas daļu peldoties un spēlējot spēles kopā. Vienmēr bija tik patīkami pavadīt laiku kopā ar ģimeni baseinā. Šķiet, ka atrašanās ūdenī **kaut ko** vieno cilvēkus. Varbūt tas ir tāpēc, ka, atrodoties ūdenī, mēs visi esam vienlīdzīgi - mēs nevaram slēpt savas nepilnības vai izlikties par tādiem, kādi neesam. Vai varbūt tas ir vienkārši tāpēc, ka tas ir jautri! **Lai kāds būtu** iemesls, es vienkārši priecājos, ka mēs visi varējām sanākt kopā un izbaudīt viens otra sabiedrību tik īpašā vietā.

Saule spīdēja man uz ādas, un gaisā bija jūtama

Andare a nuotare

La piscina era sempre un luogo **rinfrescante** e oggi non era diverso. Il sole splendeva e l'acqua sembrava invitante. Feci un respiro profondo e mi tuffai, sentendo il fresco abbraccio dell'acqua. Nuotai per un po', godendomi l'esercizio e la possibilità di schiarirmi le idee. Dopo un po' uscii e mi asciugai, poi mi sedetti su un asciugamano per rilassarmi al sole. Chiusi gli occhi e lasciai che il **calore** mi avvolgesse, sentendo i miei muscoli iniziare a rilassarsi. All'improvviso sentii uno spruzzo e aprii gli occhi per vedere la mia sorellina **che sguazzava** nel basso fondale. Sorrisi e la osservai per un po', poi mi alzai e mi avvicinai a lei. Chiacchierammo per un po' e pagaiarono insieme, godendo della reciproca compagnia. Presto i nostri genitori ci raggiunsero e passammo il resto del pomeriggio nuotando e giocando insieme. Era sempre così bello passare del tempo con la famiglia in piscina. C'è **qualcosa** nello stare in acqua che sembra unire le persone. Forse perché quando siamo in acqua siamo tutti uguali, non possiamo nascondere i nostri difetti o fingere di essere ciò che non siamo. O forse è solo perché è divertente! **Qualunque sia** la ragione, mi ha fatto piacere che ci siamo riuniti tutti insieme e che ci siamo goduti la reciproca compagnia in un luogo così speciale.

hlora smaka. Es dzirdēju, kā bērni smejas un šļakstās baseinā. Es gulēju uz **atpūtas** krēsla blakus baseinam, sauļojos un **baudīju** dienu. Es biju aizvērusi acis un jau grasījos aizmigt, kad sadzirdēju, ka kāds man tuvojas. Es atvēru acis un ieraudzīju sievieti, kas stāvēja man blakus. Viņa bija tērpusies bikini un ap vidukli aptinusi dvieli. Viņai bija gari gaiši mati un zilas acis. Rokā viņa turēja **sauļošanās krēma** pudelīti. "Vai neiebilstat, ja es uzziežu jums muguru ar sauļošanās krēmu?" viņa jautāja. "Nē, tas ir labi," es atbildēju, apsēdos, lai viņa varētu aizsniegt manu muguru. Es jutu viņas rokas uz savas ādas, kad viņa uzklāja saules aizsargkrēmu.

Viņas pieskāriens bija maigs, un saules aizsargkrēma smarža nomierināja. Es atkal aizvēru acis un ļāvu sev atslābināties. Es dzirdēju, **kā** viņa kustas, bet neatvēru acis. Es biju apmierināts ar to, ka vienkārši gulēju saulē un klausījos, kā viļņi **dauzās** pret krastu. Pēc dažām minūtēm viņa aizgāja prom, un es atvēru acis. Es vēroju, kā viņa atgriezās pie sava atpūtas krēsla un paņēma grāmatu. Viņa iekārtojās krēslā un sāka lasīt. Es atkal aizvēru acis un ļāvu sev aizmigt. **Sapņoju, ka** peldos baseinā, darot apļus turp un atpakaļ. Ūdens bija atsvaidzinošs un vēss uz manas ādas.

Il sole batteva sulla mia pelle e l'odore di cloro era nell'aria. Sentivo il rumore dei bambini che ridevano e sguazzavano nella piscina. Ero sdraiata su una sedia a **sdraio** accanto alla piscina, a prendere il sole e a **godermi la** giornata. Avevo gli occhi chiusi e stavo per addormentarmi quando sentii qualcuno avvicinarsi a me. Aprii gli occhi e vidi una donna in piedi accanto a me. Indossava un bikini e aveva un asciugamano avvolto intorno alla vita. Aveva lunghi capelli biondi e occhi azzurri. Aveva in mano un flacone di **crema solare**. "Ti dispiace se ti metto un po' di crema solare sulla schiena?", mi chiese. "No, va bene", risposi, sedendomi in modo che potesse raggiungermi la schiena. Sentii le sue mani sulla mia pelle mentre applicava la crema solare.

Il suo tocco era delicato e il profumo della crema solare era rilassante. Chiusi di nuovo gli occhi e mi rilassai. Sentivo il **rumore** dei suoi movimenti, ma non aprii gli occhi. Mi accontentai di stare sdraiato al sole, ascoltando il rumore delle onde **che si infrangevano** sulla riva. Dopo qualche minuto si allontanò e io aprii gli occhi. La guardai mentre tornava alla sua poltrona e prendeva il suo libro. Si sistemò sulla sedia e iniziò a leggere. Chiusi di nuovo gli occhi e mi lasciai andare al sonno. **Sognai** che stavo nuotando in piscina, facendo dei giri avanti e indietro. L'acqua era rinfrescante e fresca sulla mia pelle.

Izpratnes jautājumi

1. Kur stāstītājs atradās, kad viņš sāka stāstu?

2. Ko stāstītājs sajūt, kad viņš atver acis?

3. Ko stāstītājs dzird, kad viņš atver acis?

4. Kuru sauļošanās krēmu sieviete dod stāstītājai?

5. Par ko stāstītājs sapņo?

6. Kāpēc stāstniekam peldēšanās jūrā ir tik īpaša?

7.Kā jūtas ūdens, kurā peld stāstītājs?

8. Ko stāstītājs redz, kad izkāpj no ūdens?

9. Ko sieviete dara pēc tam, kad viņa uzklāj stāstniekam saules aizsargkrēmu?

10. Par ko stāstītājs un sieviete runā stāsta beigās?

Domande di comprensione

1. Dove si trovava il narratore quando ha iniziato la storia?

2. Che odore sente il narratore quando apre gli occhi?

3. Cosa sente il narratore quando apre gli occhi?

4. Di chi è la crema solare che la donna dà al narratore?

5. Che cosa sogna il narratore?

6. Perché il bagno in mare è così speciale per il narratore?

7.Come si sente l'acqua in cui nuota il narratore?

8. Cosa vede il narratore quando esce dall'acqua?

9. Cosa fa la donna dopo aver messo la crema solare al narratore?

10. Di che cosa parlano il narratore e la donna alla fine della storia?

Zāliena pļaušana

Vasaras **sestdienā ir** 10 rītā, un saule jau nežēlīgi spīd. Tu dodies uz garāžu pēc zāles pļāvēja un jūties kā **notiesāts uz** smagu darbu. Jūs sākat pļaut zālienu, pārliecinoties, ka pļaujat lēni un lēni, lai nepalaistu garām nevienu vietu. Pļaujot jūs domājat par to, cik labi ir atrasties svaigā gaisā. Sākot stumt pļāvēju uz priekšu un atpakaļ pāri zālienam, **acs kaktiņā** ieraugāt kaimiņu. Jūs pamājat ar roku un apsveicināties, un viņš pamāja jums pretī.

Pēc dažām minūtēm tu esi beidzis un dodies pie kaimiņa mājas, lai kopā ar viņu dārzā iedzertu alu. Diena ir **lieliska -** nav pārāk karsti, pūš viegls vējš. Jūs sēžat koka ēnā, malkojat alu un sarunājaties ar kaimiņu. Šādas dienas liek novērtēt vasaru. Tad jūs **dodaties** iekšā, lai iedzertu pelnīto alu. Jūs nosēžaties krēslā uz lieveņa un atverat bundžu, apmierināti nopūšoties. Pļaujmašīnas pļāvēja skaņa izzūd fonā, kamēr jūs atpūšaties ēnā, izbaudot mirkļa **mieru.** Alus garšo īpaši labi pēc smagā darba karstumā. Es jau grasījos doties iekšā, kad sadzirdēju troksni blakus durvīs.

Izklausījās, it kā kāds raudātu. Es pārtraucu pļaušanu un piegāju pie žoga, kas atdalīja mūsu pagalmus. Es ielūkojos un ieraudzīju savu kaimiņieni Džonsones

Tagliare il prato

Sono le 10 del mattino di un **sabato** estivo e il sole picchia già senza pietà. Si va in garage a prendere il tosaerba, con la sensazione di essere **condannati** ai lavori forzati. Iniziate a tagliare il prato, facendo attenzione ad andare piano per non perdere nessun punto. Mentre si taglia, si pensa a quanto sia bello stare all'aria aperta. Mentre iniziate a spingere il tosaerba avanti e indietro per il prato, con la coda dell'**occhio** vedete il vostro vicino. Lo salutate con la mano e lui ricambia.

Dopo qualche minuto, avete finito e vi recate a casa del vostro vicino per bere una birra con lui nel giardino davanti a casa. È una giornata **perfetta**: non fa troppo caldo e soffia una leggera brezza. Ci si siede all'ombra dell'albero, sorseggiando la birra e chiacchierando con il vicino. Sono giornate come questa che fanno apprezzare l'estate. Poi si **entra** in casa per una meritata birra. Ci si sdraia su una sedia del portico e si apre la lattina, tirando un sospiro soddisfatto. Il rumore del tosaerba passa in secondo piano mentre vi rilassate all'ombra, godendovi la **tranquillità del** momento. La birra ha un sapore ancora più buono dopo tutto quel duro lavoro al caldo. Stavo per rientrare in casa quando ho sentito un rumore nella stanza accanto.

kundzi, kura raudāja uz verandas šūpolēm. Es saucu uz viņu, bet viņa mani nedzirdēja. Es pārkāpu pāri žogam un piegāju pie viņas. “Džonsones kundze, vai ar jums viss kārtībā?” Es jautāju. Viņa paskatījās uz mani ar asarām acīs un pakratīja galvu. “Nē, es neesmu labi,” viņa teica. “Mans kaķis vakar nomira.” Es biju šokēta. Es nezināju, ko teikt. Es tikai neveikli stāvēju, nezinādama, ko darīt. Visbeidzot es uzliku roku viņai uz **pleca** un teicu: “Man ir ļoti žēl, Džonsones kundze. Ja es varu kaut kā palīdzēt, lūdzu, dodiet man zināt. “ Viņa pakratīja galvu un sacīja: “Nē, neviens **neko nevar** darīt.” Viņa atcirta galvu un atbildēja: “Ne, neviens **neko nevar** darīt.” Tad viņa piecēlās un iegāja savā mājā. Kādu brīdi stāvēju tur, nezinādama, ko darīt. Tad es atgriezos pie zāliena pļaušanas. Kad pabeidzu pļaušanu, es nevarēju nedomāt par Džonsones kundzi un viņas kaķi.

Sembrava che qualcuno stesse piangendo. Smisi di falciare e mi avvicinai alla recinzione che separava i nostri cortili. Mi affacciai e vidi la mia vicina, la signora Johnson, che piangeva sul dondolo del suo portico. La chiamai, ma non mi sentì. Scavalcai la recinzione e mi avvicinai a lei. "Signora Johnson, sta bene?". Le chiesi. Lei mi guardò con le lacrime agli occhi e scosse la testa. "No, non sto bene", disse. "Ieri è morto il mio gatto". Ero scioccato. Non sapevo cosa dire. Rimasi lì impacciato, senza sapere cosa fare. Alla fine le misi una mano sulla **spalla** e dissi: "Mi dispiace molto, signora Johnson. Se posso fare qualcosa per aiutarla, me lo faccia sapere". "Lei scosse la testa e disse: "No, nessuno può fare **niente**". Poi si alzò ed entrò in casa sua. Rimasi lì per un momento, senza sapere cosa fare. Poi tornai a tagliare il prato. Mentre finivo, non potei fare a meno di pensare alla signora Johnson e al suo gatto.

Izpratnes jautājumi

1. Kāds ir laiks?

2. Kur cilvēks pļauj?

3. Kā cilvēks jūtas?

4. Kāpēc cilvēkam ir jāpļauj lēni?

5. Kādi ir laikapstākļi?

6. Ko cilvēks dara pēc pļaušanas?

7. Ko cilvēks dzird pirms došanās mājās?

8. Kas ir kopā ar Džonsones kundzi?

9. Kāpēc Džonsones kundze raud?

10. ko šī persona saka Džonsones kundzei?

Domande di comprensione

1. Che ora è?

2. Dove si trova la persona che sta falciando?

3. Come si sente la persona?

4. Perché la persona deve falciare lentamente?

5. Che tempo fa?

6. Cosa fa la persona dopo la falciatura?

7. Cosa sente la persona prima di tornare a casa?

8. Chi è con la signora Johnson?

9. Perché la signora Johnson piange?

10. Cosa dice la persona alla signora Johnson?

Matu griešanas iegūšana

Es jau nedēļām ilgi biju gribējusi apgriezties, bet kaut kā vienmēr biju to atlikusi uz vēlāku laiku. Taču, kad **Ziemassvētki** bija pavisam tuvu, es zināju, ka vairs nevaru to atlikt. Es negribēju ierasties uz ģimenes Ziemassvētku vakariņām, izskatoties pēc neglīta. Tāpēc Ziemassvētku rītā agri no rīta es devos uz salonu. Lai gan bija agri, salons jau bija aizņemts ar citiem cilvēkiem, kas **gatavojās svētku** frizūrai. Es ieņēmu vietu rindā un gaidīju savu kārtu. Beidzot pienāca mana kārta. Stiliste, draudzīga sieviete vārdā Džila, man jautāja, ko es vēlos. "Tikai apgriezt, neko pārāk drastisku," es atbildēju. Džila ķērās pie darba, nogriežot man matus. Viņai strādājot, es sāku atslābināties. Bija laba sajūta, ka beidzot rūpējos par sevi. Pēdējā laikā biju tik aizņemta, rūpējoties par citiem, ka savas vajadzības biju atstājusi novārtā. Bet **tagad** tā vairs nav. No šī brīža es grasījos veltīt laiku sev.

Kad Džila bija gatava, es paskatījos spogulī un biju apmierināta ar to, ko redzēju. Mani mati izskatījās sakopti un noslīpēti - ideāli piemēroti svētku pasākumiem. Es **pateicos** Džillai un **pierakstīju, lai** biežāk iegriežas pie manis. Turpmāk es rūpēšos

Tagliarsi i capelli

Erano settimane che volevo tagliarmi i capelli, ma in qualche modo riuscivo sempre a rimandare. Ma con il **Natale** alle porte, sapevo che non potevo più rimandare. Non volevo presentarmi alla cena di Natale della mia famiglia con un aspetto trasandato. Così, la mattina presto di Natale, mi sono recata al salone. Anche se era presto, il salone era già pieno di persone che **si facevano** fare i capelli per le feste. Presi posto nella fila e aspettai il mio turno. Finalmente arrivò il mio turno sulla poltrona. La parrucchiera, una donna gentile di nome Jill, mi chiese cosa volessi. "Solo una spuntatina, niente di troppo drastico", risposi. Jill si mise al lavoro, tagliando i miei capelli. Mentre lavorava, cominciai a rilassarmi. Mi sentivo bene a prendermi finalmente cura di me stessa. Ultimamente ero stata così occupata a correre in giro per prendermi cura di tutti gli altri, che avevo lasciato cadere in secondo piano i miei bisogni. Ma **ora** non **più**. D'ora in poi avrei trovato il tempo per me stessa.

Quando Jill ha finito, mi sono guardata allo specchio e sono rimasta soddisfatta di ciò che ho visto. I miei capelli avevano un aspetto ordinato e curato, perfetto

vispirms par sevi. Viņa ķērās pie darba un nogrieza man matus. Es domāju par to, cik ļoti esmu pateicīga, ka beidzot esmu ķērusies pie frizūras. Bija labi zināt, ka uz Ziemassvētku **vakariņām** izskatīšos reprezentatīvi. Man vairs nebūs jāuztraucas par to, ka ģimene mani ņirgās par manu "nekārtīgo" izskatu. Pēc dažām minūtēm stiliste pabeidza manus matus un ātri izžāvēja. Es paskatījos spogulī un biju apmierināta ar to, ko redzēju - tīri sakoptu izskatu, kas būtu ideāli piemērots Ziemassvētku vakariņām. Tagad, kad frizūra bija galā, es varēju pievērsties svētku baudīšanai kopā ar ģimeni. Un par to es biju vēl pateicīgāka.

Tas bija tik **atbrīvojoša** sajūta, un man patika, kā izskatījās mana jaunā frizūra. Kad samaksāju par frizūru, es devos mājās un sāku gatavoties ceļojumam. Es **nevarēju vien** sagaidīt, kad parādīšu savu jauno izskatu ģimenei un draugiem. Es zināju, ka viņi būs pārsteigti, kad mani ieraudzīs. Lidojuma dienā es ierados lidostā ar pietiekami daudz laika rezervē. Es bez problēmām izgāju cauri drošības kontrolei, un drīz es jau biju ceļā. Tiklīdz es ierados galamērķī, es sajutu gaisā valdošo satraukumu. Ziemassvētki noteikti bija gaisā! Lidostā mani sagaidīja ģimene, un viņi visi bija pārsteigti par manu jauno frizūru.

per le feste. **Ringraziai** Jill e presi **nota** di tornare più spesso. D'ora in poi mi prenderò cura di me stessa prima di tutto. Si mise al lavoro per tagliare i miei capelli. Pensai a quanto fossi grata di essermi finalmente decisa a tagliarmi i capelli. Era bello sapere che sarei stata presentabile per la **cena** di Natale. Non avrei più dovuto preoccuparmi che la mia famiglia mi prendesse in giro per il mio aspetto "trasandato". Dopo qualche minuto, la parrucchiera finì di tagliarmi i capelli e mi diede una rapida asciugata. Mi guardai allo specchio e fui felice di ciò che vedevo: un look pulito che sarebbe stato perfetto per la cena di Natale. Ora che il taglio di capelli era stato superato, potevo concentrarmi sulle vacanze con la mia famiglia. Ed ero ancora più grata per questo.

Mi sentivo così **libera** e adoravo l'aspetto del mio nuovo taglio di capelli. Dopo aver pagato il taglio, sono tornata a casa e ho iniziato a fare i bagagli per il mio viaggio. **Non** vedevo l'ora di mostrare il mio nuovo look alla mia famiglia e ai miei amici. Sapevo che sarebbero rimasti sorpresi quando mi avrebbero visto. Il giorno del volo sono arrivata all'aeroporto con molto tempo a disposizione. Ho superato i controlli di sicurezza senza problemi e presto sono partita. Non appena arrivai a destinazione, sentii l'eccitazione nell'aria. Il Natale era decisamente nell'aria! La mia famiglia era lì ad accogliermi all'aeroporto ed erano tutti stupiti del mio nuovo taglio di capelli.

Izpratnes jautājumi

1. Kas galvenajam varonim bija jādara pirms Ziemassvētkiem?

2. Kā galvenā varone jutās, rūpējoties par sevi?

3. Kas apgrieza galvenā varoņa matus?

4. Kāpēc galvenās varones ģimene grasījās viņu ņirgāties?

5. Kā jutās galvenā varone pēc frizūras iegūšanas?

6. Ko darīja galvenā varone pēc frizūras iegūšanas?

7. Kāda bija galvenās varones ģimenes reakcija uz viņas frizūru?

8. Ko varonis darīja Ziemassvētku vakarā?

9. Kas padarīja galvenā varoņa pieredzi īpašāku?

10. Kas notiktu, ja galvenais varonis netiktu apgriezts?

Domande di comprensione

1. Che cosa doveva fare il protagonista prima di Natale?

2. Come si è sentita la protagonista nel prendersi cura di sé?

3. Chi ha tagliato i capelli al protagonista?

4. Perché la famiglia della protagonista la prendeva in giro?

5. Come si è sentita la protagonista dopo essersi tagliata i capelli?

6. Che cosa ha fatto la protagonista dopo essersi tagliata i capelli?

7. Qual è stata la reazione della famiglia della protagonista al suo taglio di capelli?

8. Che cosa ha fatto il protagonista la vigilia di Natale?

9. Cosa ha reso più speciale l'esperienza del protagonista?

10. Cosa succederebbe se il protagonista non si tagliasse i capelli?

Parks

Saule jau rietēja, un parks bija tukšs. Es sēdēju uz soliņa un gaidīju savu **draugu**. Mēs bijām plānojušas šeit satikties jau pirms stundas, bet viņa vienmēr kavēja. Tikko, kad es jau grasījos padoties un doties mājās, ieraudzīju, ka viņa skrien man pretī. “Man ir tik žēl,” viņa nopūtās, kad nonāca līdz soliņam. “Mans vilciens **kavējās.**” “Viss ir kārtībā,” es **samiernieciski** atteicu. “Es pati tikko ierados.” Mēs apsēdāmies un kādu laiku tērzējām, pārrunājot viens otra dzīvi kopš pēdējās tikšanās reizes. Saruna ritēja **viegli,** un šķita, ka kopš pēdējās tikšanās nemaz nav pagājis tik ilgs laiks. Kad saule uzspīdēja, mēs atvadījāmies un devāmies katrs savu ceļu. Nākamreiz mēs tikāmies citā parkā. Arī šoreiz viņa kavējās, bet man tas netraucēja. Bija patīkami, ka bija kāds, ar ko parunāt, kurš mani **saprata.** Mēs runājām par saviem sapņiem un **vēlmēm,** par lietām, ko vēlamies darīt savā dzīvē. Viņa man pastāstīja par saviem plāniem apceļot pasauli, un es pastāstīju par savu sapni kļūt par rakstnieci. Kad saule uzspīdēja vēl vienu dienu, mēs vēlreiz atvadījāmies, apsolot, ka šoreiz turpināsim sazināties.

Gadi pagāja, un mūsu **draudzība** saglabājās stipra, lai gan tagad mēs dzīvojām dažādās valsts daļās. Mēs uzturējām saikni, sūtot vēstules un laiku pa

Il parco

Il sole stava tramontando e il parco era vuoto. Mi sedetti sulla panchina ad aspettare la mia **amica**. Avevamo programmato di incontrarci qui un'ora fa, ma lei era sempre in ritardo. Proprio quando stavo per arrendermi e tornare a casa, la vidi correre verso di me. "Mi dispiace tanto", ansimò quando raggiunse la panchina. "Il mio treno è **in ritardo**". "Non c'è problema", dissi **con indulgenza**. "Sono appena arrivato anch'io". Ci siamo seduti e abbiamo chiacchierato per un po', aggiornandoci sulle nostre vite dall'ultima volta che ci siamo visti. La conversazione è fluita **facilmente** e ci è sembrato che non fosse passato affatto del tempo dall'ultima volta che ci siamo visti. Al tramonto ci siamo salutati e abbiamo preso strade diverse. La volta successiva ci incontrammo in un altro parco. Anche in questo caso era in ritardo, ma non mi dispiaceva. Era bello avere qualcuno con cui parlare che mi **capisse**. Parlammo dei nostri sogni e delle nostre **aspirazioni**, delle cose che volevamo fare nella nostra vita. Lei mi parlò dei suoi progetti di viaggiare per il mondo e io le confidai il mio sogno di diventare scrittrice. Al tramonto di un altro giorno, ci siamo salutate ancora una volta, promettendo di tenerci in contatto questa volta.

Gli anni sono passati e la nostra **amicizia** è rimasta

laikam zvanot pa tālruni, dalījāmies ar jaunumiem par savu dzīvi. Kad viņa paziņoja, ka precēsies, es nebiju **pārsteigta -** viņa vienmēr bija **piedzīvojumu meklētāja**. Bet, kad viņa man jautāja, vai es būtu viņas līgavaine kāzu ceremonijā, kas notika puspasaules attālumā no manas dzīvesvietas... tas prasīja pārliecināšanu! Tomēr galu galā es nevarēju pieļaut, ka mana labākā draudzene apprecētos bez manis līdzās, tāpēc, neraugoties uz manām bailēm (un pēc ilgām viņas lūgšanām!), es **piekritu** doties līdzi uz to, kas izvērtās par mūža **piedzīvojumu.**

Beidzot pienāca **kāzu** diena. Es biju satraukusies, bet sajūsmā, ka piedalīšos tik svarīgā mirklī sava drauga dzīvē. Ceremonija bija skaista, un viņa izskatījās laimīga, kad teica savus solījumus. **Pēc tam** mēs svinējām ar lielu ballīti - šķita, ka visi viņas paziņas bija ieradušies svinēt kopā ar viņu! Tā bija **maģiska** diena, kuru nekad neaizmirsīšu, un mūsu draudzība pēc šī piedzīvojuma tikai nostiprinājās. Tagad, pēc vairākiem gadiem, mēs joprojām sazināmies. Mēs abi esam ļoti **mainījušies** kopš pirmās tikšanās reizes, bet mūsu draudzība ir tikpat stipra kā jebkad. Ikreiz, kad satiekamies - vai tas būtu parkā, vai **puspasaules malā -,** šķiet, ka nav pagājis ne mirkli.

forte, anche se ora viviamo in zone diverse del Paese. Ci siamo tenute in contatto tramite lettere e telefonate occasionali, condividendo le notizie della nostra vita. Quando annunciò che si sarebbe sposata, non ne fui **sorpreso**: era sempre stata un tipo **avventuroso**. Ma quando mi ha chiesto di farle da damigella d'onore alla cerimonia di matrimonio che si sarebbe svolta a metà strada dal luogo in cui vivevo... c'è voluto un po' per convincerla! Alla fine, però, non potevo permettere che la mia migliore amica si sposasse senza di me al suo fianco, così, nonostante le mie paure (e dopo molte suppliche da parte sua!), ho **accettato** di partecipare a quella che si è rivelata l'**avventura** di una vita.

Finalmente è arrivato il giorno del **matrimonio**. Ero nervosa, ma entusiasta di partecipare a un momento così importante della vita della mia amica. La cerimonia è stata bellissima e lei sembrava felice mentre pronunciava le sue promesse. **Dopo**, abbiamo festeggiato con una grande festa: sembrava che tutti i suoi conoscenti fossero venuti a festeggiare con lei! È stato un giorno **magico** che non dimenticherò mai, e la nostra amicizia si è rafforzata dopo quell'avventura. Ora, a distanza di anni, ci teniamo ancora in contatto. Siamo **cambiate** molto da quando ci siamo conosciute, ma la nostra amicizia è più forte che mai. Ogni volta che ci incontriamo, che sia in un parco o **dall'altra parte del** mondo, sembra che il tempo non sia mai passato.

Izpratnes jautājumi

1. Kur autore un viņas draudzene pirmo reizi satikās?

2. Kāpēc autora draugs nokavējās uz tikšanos?

3. Par ko draugi runāja, kad pēc gadiem atkal satikās?

4. Kā autore jutās, apmeklējot draudzenes kāzu ceremoniju?

5. Aprakstiet kāzu ceremonijas norises vietu.

6. Kā laika gaitā ir mainījusies abu sieviešu draudzība?

7. Kāds ir autora sapnis?

8. Kur plāno ceļot autora draugs?

9. Kāpēc autore vilcinājās apmeklēt draudzenes kāzu ceremoniju?

Domande di comprensione

1. Dove si sono incontrati per la prima volta l'autrice e la sua amica?

2. Perché l'amico dell'autore è arrivato in ritardo all'incontro?

3. Di che cosa hanno parlato gli amici quando si sono rivisti anni dopo?

4. Come si è sentita l'autrice ad assistere alla cerimonia di matrimonio della sua amica?

5. Descrivete l'ambientazione della cerimonia nuziale.

6. Come è cambiata l'amicizia tra le due donne nel corso del tempo?

7. Qual è il sogno dell'autore?

8. Dove intende viaggiare l'amico dell'autore?

9. Perché l'autrice esitava a partecipare alla cerimonia di matrimonio della sua amica?

www.ingramcontent.com/pod-product-compliance
Lightning Source LLC
LaVergne TN
LVHW010603160826
845677LV00013B/3226

* 9 7 9 8 8 4 6 2 4 6 7 4 4 *